온 가족이 함께하는 시편 150편 따라쓰기

온 가족이 함께하는

시편

150편

따라쓰기

AGAPE
[주]아가페출판사

• 머리말 •

시편 150편 따라쓰기를 시작하시는 분들께

시편은 대부분 다윗이 기록하였지만, 모세, 솔로몬, 아삽, 에단, 고라 자손 등 여러 사람에 의해 오랜 세월에 걸쳐 기록되어 한 권의 성경으로 묶인 말씀입니다. 저자들은 믿음 안에서 겪는 삶의 모든 고통과 괴로움, 기쁨과 감사의 마음을 진실하게 하나님께 표현하고 있습니다. 구원의 감격을 찬양하고 전능하신 하나님께 간구하는 믿음의 조상들의 고백은, 수천 년이 흐른 지금의 우리가 동일하게 고백해야 할 성도의 마음일 것입니다.

이 책은 더 깊은 묵상과 풍성한 은혜를 사모하며 1편부터 150편까지 시편의 전체 본문을 모두 수록하였습니다. 『시편 150편 따라쓰기』를 통해 하나님께 진실한 마음을 드리며 교제하는 시간을 보내시기 바랍니다.

1. 기도로 시작하세요.

한 글자 한 글자를 쓰는 동안, 살아있는 하나님의 말씀이 내 안에 들어올 수 있도록 기도합니다.

2. 말씀의 의미를 마음에 새기면서 쓰세요.

단순히 한번 쓰는 것이 목적이 아닙니다. 말씀의 의미를 이해하면서 써나갈 수 있도록 주의를 기울이세요.

3. 다 쓰고 나면 꼭 말씀을 묵상하세요.

묵상이란 말씀을 깊이 생각하면서 내 것으로 만드는 시간입니다. 쓰기를 마친 후에는 말씀이 내게 주시는 깨달음에 대해 묵상하는 시간을 꼭 가지세요.

4. 적당한 분량을 정해놓고 매일 꾸준히 쓰세요.

한꺼번에 많은 양을 쓰려고 하지 마세요. 적당한 분량을 매일 꾸준히 쓰는 것이 중요합니다.

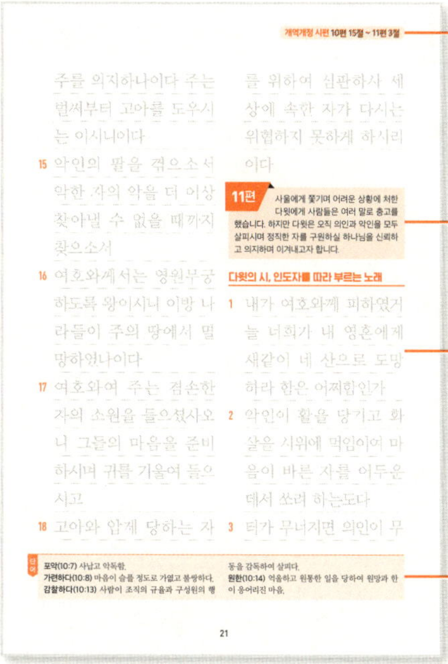

개역개정 시편 10편 15절 ~ 11편 3절

주를 의지하나이다 주는
벌써부터 고아를 도우시
는 이시니이다
15 악인의 팔을 꺾으소서
악한 자의 악을 더 이상
찾아낼 수 없을 때까지
찾으소서
16 여호와께서는 영원무궁
하도록 왕이시니 이방 나
라들이 주의 땅에서 멸
망하였나이다
17 여호와여 주는 겸손한
자의 소원을 들으셨사오
니 그들의 마음을 준비
하시며 귀를 기울여 들으
시고
18 고아와 압제 당하는 자
를 위하여 심판하사 세
상에 속한 자가 다시는
위협하지 못하게 하시리
이다

11편 사울에게 쫓기며 어려운 상황에 처한 다윗에게 사람들은 여러 말로 충고를 했습니다. 하지만 다윗은 오직 의인과 악인을 모두 살피시며 정직한 자를 구원하실 하나님을 신뢰하고 의지하며 이겨내고자 합니다.

다윗의 시, 인도자를 따라 부르는 노래

1 내가 여호와께 피하였거
늘 너희가 내 영혼에게
새같이 네 산으로 도망
하라 함은 어찌함인가
2 악인이 활을 당기고 화
살을 시위에 먹임이여 마
음이 바른 자를 어두운
데서 쏘려 하는도다
3 터가 무너지면 의인이 무

단어
포악(10:7) 사납고 악독함.
가련하다(10:8) 마음이 슬플 정도로 가엾고 불쌍하다.
감찰하다(10:13) 사람이 조직의 규율과 구성원의 행동을 감독하여 살피다.
원한(10:14) 억울하고 원통한 일을 당하여 원망과 한이 응어리진 마음.

21

한 페이지에 해당하는 본문 장, 절 표기

내용을 이해하는 데 도움을 주는 장별 해설

글씨 모양을 바르게 잡아주는 모범 글씨체

어려운 단어를 쉽게 풀어놓은 단어해설

개역개정

시편

Psalms

제 일 권

1편

의인과 악인의 서로 다른 삶과 그 끝을 비교하는 시입니다. 복 있는 사람은 하나님의 말씀을 즐거워하며 늘 가까이합니다. 그의 길은 하나님이 인정하시고 보살피시기 때문에 항상 복됩니다.

1 복 있는 사람은 악인들
의 꾀를 따르지 아니하
며 죄인들의 길에 서지
아니하며 오만한 자들의
자리에 앉지 아니하고
2 오직 여호와의 율법을 즐
거워하여 그의 율법을
주야로 묵상하는도다
3 그는 시냇가에 심은 나무
가 철을 따라 열매를 맺으
며 그 잎사귀가 마르지 아
니함 같으니 그가 하는 모
든 일이 다 형통하리로다
4 악인들은 그렇지 아니함
이여 오직 바람에 나는
겨와 같도다
5 그러므로 악인들은 심판
을 견디지 못하며 죄인들
이 의인들의 모임에 들지
못하리로다
6 무릇 의인들의 길은 여
호와께서 인정하시나 악
인들의 길은 망하리로다

2편

왕(메시아)의 즉위식을 배경으로 한 시입니다. 하나님과 그분이 세운 왕들을 거역하는 세상의 왕과 권세자들은 망할 수밖에 없으며, 하나님과 그 아들을 경외하는 자들은 복이 있다고 노래하고 있습니다.

1 어찌하여 이방 나라들이

단어

오만하다(1:1) 사람이나 태도가 방자하고 잘난 체하여 건방지다.
율법(1:2) 하나님이 정하신 법. 모세오경.
형통하다(1:3) 모든 일이 뜻대로 잘되어 가다.
겨(1:4) 벼, 보리, 조 같은 곡식의 낟알을 찧어 벗겨 낸 껍질을 통틀어 이르는 말.

분노하며 민족들이 헛된
일을 꾸미는가
2 세상의 군왕들이 나서며
관원들이 서로 꾀하여
여호와와 그의 기름부음
받은 자를 대적하며
3 우리가 그들의 맨 것을
끊고 그의 결박을 벗어
버리자 하는도다
4 하늘에 계신 이가 웃으심
이여 주께서 그들을 비웃
으시리로다
5 그때에 분을 발하며 진
노하사 그들을 놀라게
하여 이르시기를
6 내가 나의 왕을 내 거룩
한 산 시온에 세웠다 하
시리로다
7 내가 여호와의 명령을 전
하노라 여호와께서 내게
이르시되 너는 내 아들
이라 오늘 내가 너를 낳
았도다
8 내게 구하라 내가 이방
나라를 네 유업으로 주
리니 네 소유가 땅 끝까
지 이르리로다
9 네가 철장으로 그들을
깨뜨림이여 질그릇같이
부수리라 하시도다
10 그런즉 군왕들아 너희는
지혜를 얻으며 세상의 재
판관들아 너희는 교훈을
받을지어다
11 여호와를 경외함으로 섬
기고 떨며 즐거워할지어
다
12 그의 아들에게 입맞추라

그렇지 아니하면 진노하
심으로 너희가 길에서 망
하리니 그의 진노가 급
하심이라 여호와께 피하
는 모든 사람은 다 복이
있도다

3편 다윗이 자기 아들인 압살롬을 피해 도망가면서 느낀 슬프고 아픈 마음을 고백한 시입니다. 기막힌 상황과 큰 아픔 속에서 구원이 여호와께 있음을 고백하며 하나님이 자신을 구원해 주시기를 간절히 기도합니다.

다윗이 그의 아들 압살롬을 피할 때에 지은 시

1 여호와여 나의 대적이 어
찌 그리 많은지요 일어나
나를 치는 자가 많으니
이다
2 많은 사람이 나를 대적
하여 말하기를 그는 하
나님께 구원을 받지 못
한다 하나이다 (셀라)
3 여호와여 주는 나의 방
패시요 나의 영광이시요
나의 머리를 드시는 자이
시니이다
4 내가 나의 목소리로 여호
와께 부르짖으니 그의 성
산에서 응답하시는도다
(셀라)
5 내가 누워 자고 깨었으니
여호와께서 나를 붙드심
이로다
6 천만인이 나를 에워싸
진 친다 하여도 나는 두
려워하지 아니하리이다
7 여호와여 일어나소서 나

단어

결박(2:3) 몸이나 손을 움직이지 못하도록 묶음.
발하다(2:5) 빛이나 기운, 소리를 생기게 하거나 일어나게 하다.

셀라(3:4) 정확한 뜻은 알 수 없지만, '높임', '중지'라는 뜻의 히브리어 '살랄'에서 유래한 것으로 추측되는 음악 용어.

의 하나님이여 나를 구원
하소서 주께서 나의 모든
원수의 뺨을 치시며 악인
의 이를 꺾으셨나이다
8 구원은 여호와께 있사오
니 주의 복을 주의 백성
에게 내리소서 (셀라)

4편

고난 가운데 탄식하며 드리는 기도인 동시에 구원하시는 하나님을 끝까지 신뢰하는 믿음의 기도입니다. 그는 하나님을 믿는 확고한 믿음으로 원수에게 떳떳이 맞서며 하나님께서 주시는 평안과 기쁨을 맛봅니다.

다윗의 시, 인도자를 따라 현악에 맞춘 노래

1 내 의의 하나님이여 내
가 부를 때에 응답하소
서 곤란 중에 나를 너그
럽게 하셨사오니 내게 은
혜를 베푸사 나의 기도
를 들으소서
2 인생들아 어느 때까지 나
의 영광을 바꾸어 욕되
게 하며 헛된 일을 좋아
하고 거짓을 구하려는가
(셀라)
3 여호와께서 자기를 위하
여 경건한 자를 택하신
줄 너희가 알지어다 내가
그를 부를 때에 여호와
께서 들으시리로다
4 너희는 떨며 범죄하지 말
지어다 자리에 누워 심중
에 말하고 잠잠할지어다
(셀라)
5 의의 제사를 드리고 여
호와를 의지할지어다
6 여러 사람의 말이 우리에
게 선을 보일 자 누구뇨
하오니 여호와여 주의 얼
굴을 들어 우리에게 비
추소서

7 주께서 내 마음에 두신
기쁨은 그들의 곡식과
새 포도주가 풍성할 때
보다 더하니이다
8 내가 평안히 눕고 자기도
하리니 나를 안전히 살
게 하시는 이는 오직 여
호와이시니이다

5편 '아침 찬송시'인 5편은 다른 탄식시처럼 하나님을 부르는 간절한 호소로 시작합니다. 그러나 하나님께 대한 믿음을 표현하는 가운데 담대함을 얻은 기도자는 구원의 확신 속에서 기쁨을 노래하게 됩니다.

다윗의 시, 인도자를 따라 관악에 맞춘 노래

1 여호와여 나의 말에 귀
를 기울이사 나의 심정
을 헤아려 주소서
2 나의 왕, 나의 하나님이
여 내가 부르짖는 소리를
들으소서 내가 주께 기도
하나이다
3 여호와여 아침에 주께서
나의 소리를 들으시리니
아침에 내가 주께 기도하
고 바라리이다
4 주는 죄악을 기뻐하는
신이 아니시니 악이 주와
함께 머물지 못하며
5 오만한 자들이 주의 목
전에 서지 못하리이다 주
는 모든 행악자를 미워
하시며
6 거짓말하는 자들을 멸망
시키시리이다 여호와께
서는 피 흘리기를 즐기는
자와 속이는 자를 싫어

단어

곤란(4:1) 사정이 몹시 딱하고 어려움.
너그럽다(4:1) 사람이나 그 마음이 넓어 감싸 받아들이는 성질이 있다.
욕되다(4:2) 부끄럽고 명예롭지 못하다.
심정(5:1) 사람의 내면에서 일어나는 감정이나 심리.
목전(5:5) 눈으로 볼 수 있는 아주 가까운 곳.

하시나이다
7 오직 나는 주의 풍성한
사랑을 힘입어 주의 집에
들어가 주를 경외함으로
성전을 향하여 예배하리
이다
8 여호와여 나의 원수들로
말미암아 주의 의로 나
를 인도하시고 주의 길을
내 목전에 곧게 하소서
9 그들의 입에 신실함이 없
고 그들의 심중이 심히
악하며 그들의 목구멍은
열린 무덤 같고 그들의
혀로는 아첨하나이다
10 하나님이여 그들을 정죄
하사 자기 꾀에 빠지게
하시고 그 많은 허물로
말미암아 그들을 쫓아내
소서 그들이 주를 배역
함이니이다
11 그러나 주께 피하는 모
든 사람은 다 기뻐하며
주의 보호로 말미암아
영원히 기뻐 외치고 주의
이름을 사랑하는 자들
은 주를 즐거워하리이다
12 여호와여 주는 의인에게
복을 주시고 방패로 함
같이 은혜로 그를 호위하
시리이다

6편

다윗은 오래 지속되는 몸과 마음의 고통 속에서 한없이 연약해져, 하나님이 자신을 버린 것 같은 두려움마저 느끼며 울부짖습니다. 그럼에도 그는 다시 믿음을 갖고 구원의 확신을 노래합니다.

다윗의 시, 인도자를 따라 현악 여덟째 줄에 맞춘 노래

1 여호와여 주의 분노로
나를 책망하지 마시오며

주의 진노로 나를 징계
하지 마옵소서
2 여호와여 내가 수척하였
사오니 내게 은혜를 베푸
소서 여호와여 나의 뼈가
떨리오니 나를 고치소서
3 나의 영혼도 매우 떨리나
이다 여호와여 어느 때까
지니이까
4 여호와여 돌아와 나의
영혼을 건지시며 주의 사
랑으로 나를 구원하소서
5 사망 중에서는 주를 기
억하는 일이 없사오니 스
올에서 주께 감사할 자
누구리이까
6 내가 탄식함으로 피곤하
여 밤마다 눈물로 내 침
상을 띄우며 내 요를 적
시나이다
7 내 눈이 근심으로 말미
암아 쇠하며 내 모든 대
적으로 말미암아 어두워
졌나이다
8 악을 행하는 너희는 다
나를 떠나라 여호와께서
내 울음 소리를 들으셨
도다
9 여호와께서 내 간구를 들
으셨음이여 여호와께서
내 기도를 받으시리로다
10 내 모든 원수들이 부끄
러움을 당하고 심히 떪이
여 갑자기 부끄러워 물러

단어

힘입다(5:7) 어떤 배려나 도움을 남에게 받다.
아첨하다(5:9) 남의 마음에 들려고 비위를 맞추면서 알랑거리다.
배역하다(5:10) 은혜를 저버리고 배반하다.
탄식하다(6:6) 근심이나 원망으로 한탄하여 숨을 내쉬다.

가리로다

7편

다윗이 사울의 미움을 받아 억울하게 쫓겨 다니면서 지은 시로, 하나님께 자신의 깨끗함을 고백하며 도우심을 호소하고 있습니다. 공정한 재판장이신 하나님께 판결을 요청하며 하나님을 찬양합니다.

다윗의 식가욘, 베냐민인 구시의 말에 따라

여호와께 드린 노래

1 여호와 내 하나님이여 내
가 주께 피하오니 나를
쫓아오는 모든 자들에게
서 나를 구원하여 내소서
2 건져낼 자가 없으면 그들
이 사자같이 나를 찢고
뜯을까 하나이다
3 여호와 내 하나님이여 내
가 이런 일을 행하였거나
내 손에 죄악이 있거나
4 화친한 자를 악으로 갚
았거나 내 대적에게서 까
닭 없이 빼앗았거든
5 원수가 나의 영혼을 쫓
아 잡아 내 생명을 땅에
짓밟게 하고 내 영광을
먼지 속에 살게 하소서
(셀라)
6 여호와여 진노로 일어나
사 내 대적들의 노를 막
으시며 나를 위하여 깨
소서 주께서 심판을 명
령하셨나이다
7 민족들의 모임이 주를 두
르게 하시고 그 위 높은
자리에 돌아오소서
8 여호와께서 만민에게 심
판을 행하시오니 여호와
여 나의 의와 나의 성실
함을 따라 나를 심판하
소서
9 악인의 악을 끊고 의인

을 세우소서 의로우신
하나님이 사람의 마음과
양심을 감찰하시나이다
10 나의 방패는 마음이 정
직한 자를 구원하시는
하나님께 있도다
11 하나님은 의로우신 재판
장이심이여 매일 분노하
시는 하나님이시로다
12 사람이 회개하지 아니하
면 그가 그의 칼을 가심
이여 그의 활을 이미 당
기어 예비하셨도다
13 죽일 도구를 또한 예비
하심이여 그가 만든 화
살은 불화살들이로다
14 악인이 죄악을 낳음이여
재앙을 배어 거짓을 낳았
도다
15 그가 웅덩이를 파 만듦
이여 제가 만든 함정에
빠졌도다
16 그의 재앙은 자기 머리로
돌아가고 그의 포악은 자
기 정수리에 내리리로다
17 내가 여호와께 그의 의
를 따라 감사함이여 지
존하신 여호와의 이름을
찬양하리로다

8편 다윗이 온 땅에 가득한 창조주 하나님의 위엄을 찬양하고, 그분의 은총에 감사하는 시입니다. 보잘것없는 사람들을 보배롭고 존귀하게 여기시는 하나님의 사랑을 깨닫고 찬양하고 있습니다.

다윗의 시, 인도자를 따라 깃딧에 맞춘 노래

1 여호와 우리 주여 주의

단어

화친하다(7:4) 다툼이 없이 서로 가까이 지내다.
진노(7:6) 존엄한 존재가 크게 노함.
감찰하다(7:9) 사람이 조직의 규율과 구성원의 행동을 감독하여 살피다.
포악(7:16) 사납고 악독함.
지존하다(7:17) 더없이 존귀하다.

이름이 온 땅에 어찌 그
리 아름다운지요 주의 영
광이 하늘을 덮었나이다
2 주의 대적으로 말미암아
어린아이들과 젖먹이들
의 입으로 권능을 세우
심이여 이는 원수들과 보
복자들을 잠잠하게 하려
하심이니이다
3 주의 손가락으로 만드신
주의 하늘과 주께서 베
풀어 두신 달과 별들을
내가 보오니
4 사람이 무엇이기에 주께
서 그를 생각하시며 인자
가 무엇이기에 주께서 그
를 돌보시나이까
5 그를 하나님보다 조금 못
하게 하시고 영화와 존귀
로 관을 씌우셨나이다
6 주의 손으로 만드신 것
을 다스리게 하시고 만
물을 그의 발 아래 두셨
으니
7 곧 모든 소와 양과 들짐
승이며
8 공중의 새와 바다의 물
고기와 바닷길에 다니는
것이니이다
9 여호와 우리 주여 주의
이름이 온 땅에 어찌 그
리 아름다운지요

9편

다윗이 지난날을 돌아보면서, 원수들에게서 자신을 보호해 주신 하나님께 감사하며 지은 시입니다. 또한 다윗은 억울한 자들이 피할 요새이신 하나님께 악인을 심판하고 의인을 구원해 달라고 기도하고 있습니다.

다윗의 시, 인도자를 따라 뭇랍벤에 맞춘 노래

1 내가 전심으로 여호와께

감사하오며 주의 모든 기
이한 일들을 전하리이다
2 내가 주를 기뻐하고 즐
거워하며 지존하신 주의
이름을 찬송하리니
3 내 원수들이 물러갈 때
에 주 앞에서 넘어져 망
함이니이다
4 주께서 나의 의와 송사
를 변호하셨으며 보좌에
앉으사 의롭게 심판하셨
나이다
5 이방 나라들을 책망하시
고 악인을 멸하시며 그들
의 이름을 영원히 지우
셨나이다
6 원수가 끊어져 영원히 멸
망하였사오니 주께서 무
너뜨린 성읍들을 기억할
수 없나이다
7 여호와께서 영원히 앉으
심이여 심판을 위하여
보좌를 준비하셨도다
8 공의로 세계를 심판하심
이여 정직으로 만민에게
판결을 내리시리로다
9 여호와는 압제를 당하는
자의 요새이시요 환난 때
의 요새이시로다
10 여호와여 주의 이름을
아는 자는 주를 의지하
오리니 이는 주를 찾는
자들을 버리지 아니하심
이니이다

단어

기이하다(9:1) 보통과 다르게 유별나고 이상하다.
송사(9:4) 분쟁이 있어 그에 대한 판결을 구하는 일.
압제(9:9) 권력이나 폭력으로 남을 꼼짝 못 하게 강제로 누름.
요새(9:9) 적이 침입하지 못하도록 튼튼하게 만들어 놓은 군사적인 시설.

11 너희는 시온에 계신 여
호와를 찬송하며 그의
행사를 백성 중에 선포
할지어다
12 피 흘림을 심문하시는 이
가 그들을 기억하심이여
가난한 자의 부르짖음을
잊지 아니하시도다
13 여호와여 내게 은혜를
베푸소서 나를 사망의
문에서 일으키시는 주여
나를 미워하는 자에게서
받는 나의 고통을 보소
서
14 그리하시면 내가 주의 찬
송을 다 전할 것이요 딸
시온의 문에서 주의 구
원을 기뻐하리이다
15 이방 나라들은 자기가
판 웅덩이에 빠짐이여 자
기가 숨긴 그물에 자기
발이 걸렸도다
16 여호와께서 자기를 알게
하사 심판을 행하셨음이
여 악인은 자기가 손으
로 행한 일에 스스로 얽
혔도다 (힉가욘, 셀라)
17 악인들이 스올로 돌아감
이여 하나님을 잊어버린
모든 이방 나라들이 그
리하리로다
18 궁핍한 자가 항상 잊어버
림을 당하지 아니함이여
가난한 자들이 영원히
실망하지 아니하리로다
19 여호와여 일어나사 인생
으로 승리를 얻지 못하
게 하시며 이방 나라들

이 주 앞에서 심판을 받
게 하소서
20 여호와여 그들을 두렵게
하시며 이방 나라들이
자기는 인생일 뿐인 줄
알게 하소서 (셀라)

10편

의인이 어려움을 당하는 모습을 보면서 슬픈 마음으로 쓴 시입니다. 그러나 의인은 신앙이 자라가는 귀한 시간을 보내는 것이며, 하나님이 없다고 말하는 악인은 곧 망할 것임을 깨닫게 됩니다.

1 여호와여 어찌하여 멀리
서시며 어찌하여 환난 때
에 숨으시나이까
2 악한 자가 교만하여 가
련한 자를 심히 압박하
오니 그들이 자기가 베푼
꾀에 빠지게 하소서
3 악인은 그의 마음의 욕
심을 자랑하며 탐욕을
부리는 자는 여호와를
배반하여 멸시하나이다
4 악인은 그의 교만한 얼
굴로 말하기를 여호와께
서 이를 감찰하지 아니하
신다 하며 그의 모든 사
상에 하나님이 없다 하
나이다
5 그의 길은 언제든지 견고
하고 주의 심판은 높아
서 그에게 미치지 못하오
니 그는 그의 모든 대적
들을 멸시하며
6 그의 마음에 이르기를
나는 흔들리지 아니하며
대대로 환난을 당하지

단어

심문하다(9:12) 무엇을 조사하기 위하여 자세히 따져 묻다.
힉가욘(9:16) 정확한 뜻은 알 수 없지만, 수금의 정숙한 소리 또는 '묵상', '생각'과 관련된 음악 용어.
스올(9:17) 죽어서 가는 장소. 음부, 무덤, 지옥으로 번역되기도 한다.

아니하리라 하나이다
7 그의 입에는 저주와 거짓
과 포악이 충만하며 그
의 혀 밑에는 잔해와 죄
악이 있나이다
8 그가 마을 구석진 곳에
앉으며 그 은밀한 곳에서
무죄한 자를 죽이며 그
의 눈은 가련한 자를 엿
보나이다
9 사자가 자기의 굴에 엎드
림같이 그가 은밀한 곳
에 엎드려 가련한 자를
잡으려고 기다리며 자기
그물을 끌어당겨 가련한
자를 잡나이다
10 그가 구푸려 엎드리니 그
의 포악으로 말미암아
가련한 자들이 넘어지나
이다
11 그가 그의 마음에 이르
기를 하나님이 잊으셨고
그의 얼굴을 가리셨으니
영원히 보지 아니하시리
라 하나이다
12 여호와여 일어나옵소서
하나님이여 손을 드옵소
서 가난한 자들을 잊지
마옵소서
13 어찌하여 악인이 하나님
을 멸시하여 그의 마음
에 이르기를 주는 감찰
하지 아니하리라 하나이
까
14 주께서는 보셨나이다 주
는 재앙과 원한을 감찰
하시고 주의 손으로 갚으
려 하시오니 외로운 자가

주를 의지하나이다 주는
벌써부터 고아를 도우시
는 이시니이다
15 악인의 팔을 꺾으소서
악한 자의 악을 더 이상
찾아낼 수 없을 때까지
찾으소서
16 여호와께서는 영원무궁
하도록 왕이시니 이방 나
라들이 주의 땅에서 멸
망하였나이다
17 여호와여 주는 겸손한
자의 소원을 들으셨사오
니 그들의 마음을 준비
하시며 귀를 기울여 들으
시고
18 고아와 압제 당하는 자
를 위하여 심판하사 세
상에 속한 자가 다시는
위협하지 못하게 하시리
이다

11편

사울에게 쫓기며 어려운 상황에 처한 다윗에게 사람들은 여러 말로 충고를 했습니다. 하지만 다윗은 오직 의인과 악인을 모두 살피시며 정직한 자를 구원하실 하나님을 신뢰하고 의지하며 이겨내고자 합니다.

다윗의 시, 인도자를 따라 부르는 노래

1 내가 여호와께 피하였거
늘 너희가 내 영혼에게
새같이 네 산으로 도망
하라 함은 어찌함인가
2 악인이 활을 당기고 화
살을 시위에 먹임이여 마
음이 바른 자를 어두운
데서 쏘려 하는도다
3 터가 무너지면 의인이 무

단어

포악(10:7) 사납고 악독함.
가련하다(10:8) 마음이 슬플 정도로 가엾고 불쌍하다.
감찰하다(10:13) 사람이 조직의 규율과 구성원의 행동을 감독하여 살피다.
원한(10:14) 억울하고 원통한 일을 당하여 원망과 한이 응어리진 마음.

엇을 하랴

4 여호와께서는 그의 성전
에 계시고 여호와의 보
좌는 하늘에 있음이여
그의 눈이 인생을 통촉
하시고 그의 안목이 그
들을 감찰하시도다

5 여호와는 의인을 감찰하
시고 악인과 폭력을 좋
아하는 자를 마음에 미
워하시도다

6 악인에게 그물을 던지시
리니 불과 유황과 태우
는 바람이 그들의 잔의
소득이 되리로다

7 여호와는 의로우사 의로
운 일을 좋아하시나니 정
직한 자는 그의 얼굴을
뵈오리로다

12편 다윗은 악한 행동과 거짓말을 하는 악인들이 많음을 하나님께 호소합니다. 그런 가운데서도 하나님을 경외하는 것만이 살 길임을 확신하며 주님께서 지켜주실 것을 간절히 요청합니다.

다윗의 시, 인도자를 따라 여덟째 줄에 맞춘 노래

1 여호와여 도우소서 경건
한 자가 끊어지며 충실
한 자들이 인생 중에 없
어지나이다

2 그들이 이웃에게 각기 거
짓을 말함이여 아첨하는
입술과 두 마음으로 말
하는도다

3 여호와께서 모든 아첨하
는 입술과 자랑하는 혀
를 끊으시리니

4 그들이 말하기를 우리의
혀가 이기리라 우리 입술
은 우리 것이니 우리를

주관할 자 누구리요 함
이로다
5 여호와의 말씀에 가련한
자들의 눌림과 궁핍한
자들의 탄식으로 말미암
아 내가 이제 일어나 그
를 그가 원하는 안전한
지대에 두리라 하시도다
6 여호와의 말씀은 순결함
이여 흙 도가니에 일곱
번 단련한 은 같도다
7 여호와여 그들을 지키사
이 세대로부터 영원까지
보존하시리이다
8 비열함이 인생 중에 높임
을 받는 때에 악인들이
곳곳에서 날뛰는도다

13편

다윗이 하나님께 자신을 죽이려고 하는 원수에게서 구원해 달라고 애타게 기도하는 시입니다. 그러나 슬픔의 탄식은 하나님의 한결같은 사랑을 의지하는 가운데 찬양의 노래로 변화되었습니다.

다윗의 시, 인도자를 따라 부르는 노래

1 여호와여 어느 때까지니
이까 나를 영원히 잊으시
나이까 주의 얼굴을 나
에게서 어느 때까지 숨기
시겠나이까
2 나의 영혼이 번민하고 종
일토록 마음에 근심하기
를 어느 때까지 하오며
내 원수가 나를 치며 자
랑하기를 어느 때까지 하
리이까
3 여호와 내 하나님이여 나
를 생각하사 응답하시고

단어

통촉하다(11:4) 윗사람이 아랫사람의 형편이나 사정을 깊이 헤아려 살피다.
아첨하다(12:2) 마음에 들려고 비위를 맞추면서 알랑거리다.
도가니(12:6) 쇠붙이를 녹이는 데 쓰는 오목한 그릇.
비열하다(12:8) 사람이나 그 태도가 천하고 너절하다.

나의 눈을 밝히소서 두
렵건대 내가 사망의 잠
을 잘까 하오며
4 두렵건대 나의 원수가 이
르기를 내가 그를 이겼다
할까 하오며 내가 흔들릴
때에 나의 대적들이 기뻐
할까 하나이다
5 나는 오직 주의 사랑을
의지하였사오니 나의 마
음은 주의 구원을 기뻐
하리이다
6 내가 여호와를 찬송하리
니 이는 주께서 내게 은
덕을 베푸심이로다

14편 인간의 죄인됨을 고발하며, 악인들이 하나님을 찾지 않고 주님의 백성을 괴롭히고 있음을 말합니다. 하나님께서는 의인의 편에 서서 약한 자를 보호하시고, 주의 백성을 돌보심을 선포합니다.

다윗의 시, 인도자를 따라 부르는 노래

1 어리석은 자는 그의 마
음에 이르기를 하나님이
없다 하는도다 그들은
부패하고 그 행실이 가
증하니 선을 행하는 자
가 없도다
2 여호와께서 하늘에서 인
생을 굽어살피사 지각이
있어 하나님을 찾는 자가
있는가 보려 하신즉
3 다 치우쳐 함께 더러운 자
가 되고 선을 행하는 자
가 없으니 하나도 없도다
4 죄악을 행하는 자는 다
무지하냐 그들이 떡 먹
듯이 내 백성을 먹으면서
여호와를 부르지 아니하
는도다
5 그러나 거기서 그들은 두

려워하고 두려워하였으
니 하나님이 의인의 세대
에 계심이로다
6 너희가 가난한 자의 계
획을 부끄럽게 하나 오직
여호와는 그의 피난처가
되시도다
7 이스라엘의 구원이 시온
에서 나오기를 원하도다
여호와께서 그의 백성을
포로된 곳에서 돌이키실
때에 야곱이 즐거워하고
이스라엘이 기뻐하리로다

15편 함께 모여 예배할 때 부른 다윗의 찬양시입니다. 깨끗하고 정의로운 행실과 진실된 마음으로 사는 사람은 영원히 흔들리지 않고 주의 장막과 거룩한 산에 머무를 수 있음을 말합니다.

다윗의 시

1 여호와여 주의 장막에
머무를 자 누구오며 주
의 성산에 사는 자 누구
오니이까
2 정직하게 행하며 공의를
실천하며 그의 마음에
진실을 말하며
3 그의 혀로 남을 허물하
지 아니하고 그의 이웃
에게 악을 행하지 아니하
며 그의 이웃을 비방하
지 아니하며
4 그의 눈은 망령된 자를
멸시하며 여호와를 두려
워하는 자들을 존대하며
그의 마음에 서원한 것
은 해로울지라도 변하지

단어

은덕(13:6) 은혜와 덕.
부패하다(14:1) 도덕적으로나 정신적으로 타락하다.
굽어살피다(14:2) 내려다보며 자세히 살피다.
망령되다(15:4) 이치에 맞지 않고 허황하거나 주책없다.
멸시하다(15:4) 얕잡아보고 하찮게 여겨 깔보다.

아니하며
5 이자를 받으려고 돈을
꾸어 주지 아니하며 뇌
물을 받고 무죄한 자를
해하지 아니하는 자이니
이런 일을 행하는 자는
영원히 흔들리지 아니하
리이다

16편

고난의 길에 있으나 여호와 하나님과의 깊은 사랑의 관계와 구원의 확신을 고백하는 다윗의 시입니다. 더 깊은 의미를 찾아보면, 장차 부활하실 예수님을 예언하는 시이기도 합니다.

다윗의 믹담

1 하나님이여 나를 지켜 주
소서 내가 주께 피하나
이다
2 내가 여호와께 아뢰되
주는 나의 주님이시오니
주 밖에는 나의 복이 없
다 하였나이다
3 땅에 있는 성도들은 존
귀한 자들이니 나의 모
든 즐거움이 그들에게 있
도다
4 다른 신에게 예물을 드
리는 자는 괴로움이 더
할 것이라 나는 그들이
드리는 피의 전제를 드리
지 아니하며 내 입술로
그 이름도 부르지 아니하
리로다
5 여호와는 나의 산업과
나의 잔의 소득이시니 나
의 분깃을 지키시나이다
6 내게 줄로 재어 준 구역
은 아름다운 곳에 있음
이여 나의 기업이 실로
아름답도다
7 나를 훈계하신 여호와를

송축할지라 밤마다 내
양심이 나를 교훈하도다
8 내가 여호와를 항상 내
앞에 모심이여 그가 나의
오른쪽에 계시므로 내가
흔들리지 아니하리로다
9 이러므로 나의 마음이
기쁘고 나의 영도 즐거워
하며 내 육체도 안전히
살리니
10 이는 주께서 내 영혼을
스올에 버리지 아니하시
며 주의 거룩한 자를 멸
망시키지 않으실 것임이
니이다
11 주께서 생명의 길을 내
게 보이시리니 주의 앞에
는 충만한 기쁨이 있고
주의 오른쪽에는 영원한
즐거움이 있나이다

17편 신앙 때문에 악인에게 고난당하는 다윗이 자신의 무죄를 주장하며 하나님의 보호와 구원을 구하는 간절한 기도시입니다. 다윗은 악인의 심판과 함께 의인이 구원받음을 확신했습니다.

다윗의 기도

1 여호와여 의의 호소를
들으소서 나의 울부짖음
에 주의하소서 거짓 되
지 아니한 입술에서 나오
는 나의 기도에 귀를 기
울이소서
2 주께서 나를 판단하시며
주의 눈으로 공평함을
살피소서
3 주께서 내 마음을 시험

단어

이자(15:5) 남에게 돈을 빌려 쓴 대가로 치르는 일정한 비율의 돈.
분깃(16:5) 재산의 한몫을 유산으로 나누어주는 일.
송축하다(16:7) 기리고 축하하다.
스올(16:10) 죽어서 가는 장소. 음부, 무덤, 지옥으로 번역되기도 한다.

하시고 밤에 내게 오시
어서 나를 감찰하셨으나
흠을 찾지 못하셨사오니
내가 결심하고 입으로 범
죄하지 아니하리이다
4 사람의 행사로 논하면
나는 주의 입술의 말씀
을 따라 스스로 삼가서
포악한 자의 길을 가지
아니하였사오며
5 나의 걸음이 주의 길을
굳게 지키고 실족하지 아
니하였나이다
6 하나님이여 내게 응답하
시겠으므로 내가 불렀사
오니 내게 귀를 기울여
내 말을 들으소서
7 주께 피하는 자들을 그
일어나 치는 자들에게서
오른손으로 구원하시는
주여 주의 기이한 사랑
을 나타내소서
8 나를 눈동자같이 지키시
고 주의 날개 그늘 아래
에 감추사
9 내 앞에서 나를 압제하
는 악인들과 나의 목숨
을 노리는 원수들에게서
벗어나게 하소서
10 그들의 마음은 기름에
잠겼으며 그들의 입은 교
만하게 말하나이다
11 이제 우리가 걸어가는 것
을 그들이 에워싸서 노려
보고 땅에 넘어뜨리려 하
나이다
12 그는 그 움킨 것을 찢으
려 하는 사자 같으며 은

밀한 곳에 엎드린 젊은
사자 같으니이다
13 여호와여 일어나 그를 대
항하여 넘어뜨리시고 주
의 칼로 악인에게서 나
의 영혼을 구원하소서
14 여호와여 이 세상에 살
아 있는 동안 그들의 분
깃을 받은 사람들에게서
주의 손으로 나를 구하
소서 그들은 주의 재물로
배를 채우고 자녀로 만족
하고 그들의 남은 산업을
그들의 어린아이들에게
물려 주는 자니이다
15 나는 의로운 중에 주의
얼굴을 뵈오리니 깰 때에
주의 형상으로 만족하리
이다

18편

다윗의 노래로, 사울을 비롯한 수많은 원수에게서 자신을 구원해 주신 하나님을 찬양하는 시입니다. 이스라엘의 왕이 된 다윗은 지난날을 돌아보며 하나님께 감사의 찬양을 드렸습니다.

여호와의 종 다윗의 시, 인도자를 따라 부르는 노래, 여호와께서 다윗을 그 모든 원수들의 손에서와 사울의 손에서 건져 주신 날에 다윗이 이 노래의 말로 여호와께 아뢰어 이르되

1 나의 힘이신 여호와여 내
가 주를 사랑하나이다
2 여호와는 나의 반석이시
요 나의 요새시요 나를
건지시는 이시요 나의 하
나님이시요 내가 그 안에
피할 나의 바위시요 나의

단어

실족하다(17:5) 발을 잘못 디디다. 행동을 잘못한 것을 비유적으로 이르는 말.
압제하다(17:9) 권력이나 폭력으로 남을 꼼짝 못 하게 강제로 누르다.
에워싸다(17:11) 사방을 둘러서 싸다.
대항하다(17:13) 맞서서 버티거나 항거하다.

방패시요 나의 구원의
뿔이시요 나의 산성이시
로다
3 내가 찬송 받으실 여호
와께 아뢰리니 내 원수
들에게서 구원을 얻으리
로다
4 사망의 줄이 나를 얽고
불의의 창수가 나를 두렵
게 하였으며
5 스올의 줄이 나를 두르
고 사망의 올무가 내게
이르렀도다
6 내가 환난 중에서 여호
와께 아뢰며 나의 하나님
께 부르짖었더니 그가 그
의 성전에서 내 소리를
들으심이여 그의 앞에서
나의 부르짖음이 그의 귀
에 들렸도다
7 이에 땅이 진동하고 산
들의 터도 요동하였으니
그의 진노로 말미암음이
로다
8 그의 코에서 연기가 오
르고 입에서 불이 나와
사름이여 그 불에 숯이
피었도다
9 그가 또 하늘을 드리우
시고 강림하시니 그의
발 아래는 어두캄캄하도
다
10 그룹을 타고 다니심이여
바람 날개를 타고 높이
솟아오르셨도다
11 그가 흑암을 그의 숨는
곳으로 삼으사 장막같이
자기를 두르게 하심이여

곧 물의 흑암과 공중의
빽빽한 구름으로 그리하
시도다
12 그 앞에 광채로 말미암
아 빽빽한 구름이 지나
며 우박과 숯불이 내리
도다
13 여호와께서 하늘에서 우
렛소리를 내시고 지존하
신 이가 음성을 내시며 우
박과 숯불을 내리시도다
14 그의 화살을 날려 그들
을 흩으심이여 많은 번개
로 그들을 깨뜨리셨도다
15 이럴 때에 여호와의 꾸지
람과 콧김으로 말미암아
물 밑이 드러나고 세상의
터가 나타났도다
16 그가 높은 곳에서 손을
펴사 나를 붙잡아 주심
이여 많은 물에서 나를
건져내셨도다
17 나를 강한 원수와 미워
하는 자에게서 건지셨음
이여 그들은 나보다 힘이
세기 때문이로다
18 그들이 나의 재앙의 날
에 내게 이르렀으나 여호
와께서 나의 의지가 되셨
도다
19 나를 넓은 곳으로 인도하
시고 나를 기뻐하시므로
나를 구원하셨도다
20 여호와께서 내 의를 따

단어

창수(18:4) 큰물이 져서 넘치는 물.
올무(18:5) 올가미나 덫 같은 사냥 기구.
요동하다(18:7) 흔들려 움직이다.
사르다(18:8) 불에 태워 없애 버리다.
강림하다(18:9) 신이 인간 세상으로 내려오다.
그룹(18:10) 날개가 달린 천상의 피조물.

라 상 주시며 내 손의 깨
끗함을 따라 내게 갚으
셨으니
21 이는 내가 여호와의 도
를 지키고 악하게 내 하
나님을 떠나지 아니하였
으며
22 그의 모든 규례가 내 앞
에 있고 내게서 그의 율
례를 버리지 아니하였음
이로다
23 또한 나는 그의 앞에 완
전하여 나의 죄악에서
스스로 자신을 지켰나니
24 그러므로 여호와께서 내
의를 따라 갚으시되 그
의 목전에서 내 손이 깨
끗한 만큼 내게 갚으셨
도다
25 자비로운 자에게는 주의
자비로우심을 나타내시
며 완전한 자에게는 주
의 완전하심을 보이시며
26 깨끗한 자에게는 주의
깨끗하심을 보이시며 사
악한 자에게는 주의 거
스르심을 보이시리니
27 주께서 곤고한 백성은
구원하시고 교만한 눈은
낮추시리이다
28 주께서 나의 등불을 켜심
이여 여호와 내 하나님이
내 흑암을 밝히시리이다
29 내가 주를 의뢰하고 적
군을 향해 달리며 내 하
나님을 의지하고 담을 뛰
어넘나이다
30 하나님의 도는 완전하고

여호와의 말씀은 순수하
니 그는 자기에게 피하는
모든 자의 방패시로다
31 여호와 외에 누가 하나님
이며 우리 하나님 외에
누가 반석이냐
32 이 하나님이 힘으로 내
게 띠 띠우시며 내 길을
완전하게 하시며
33 나의 발을 암사슴 발 같
게 하시며 나를 나의 높
은 곳에 세우시며
34 내 손을 가르쳐 싸우게
하시니 내 팔이 놋 활을
당기도다
35 또 주께서 주의 구원하
는 방패를 내게 주시며

주의 오른손이 나를 붙
들고 주의 온유함이 나
를 크게 하셨나이다
36 내 걸음을 넓게 하셨고
나를 실족하지 않게 하
셨나이다
37 내가 내 원수를 뒤쫓아
가리니 그들이 망하기 전
에는 돌아서지 아니하리
이다
38 내가 그들을 쳐서 능히
일어나지 못하게 하리니
그들이 내 발 아래에 엎
드러지리이다
39 주께서 나를 전쟁하게
하려고 능력으로 내게
띠 띠우사 일어나 나를

단어

규례(18:22) 지켜야 할 규칙과 정해진 관례.
목전(18:24) 눈으로 볼 수 있는 아주 가까운 곳.
곤고하다(18:27) 형편이나 처지가 어렵고 고생스럽다.
반석(18:31) 어떠한 것을 지탱해 주는 견고하고 든든한 기반을 비유적으로 이르는 말.
놋(18:34) 구리와 아연을 섞어서 만든 쇠붙이.

치는 자들이 내게 굴복
하게 하셨나이다
40 또 주께서 내 원수들에
게 등을 내게로 향하게
하시고 나를 미워하는
자들을 내가 끊어 버리
게 하셨나이다
41 그들이 부르짖으나 구원
할 자가 없었고 여호와께
부르짖어도 그들에게 대
답하지 아니하셨나이다
42 내가 그들을 바람 앞에
티끌같이 부서뜨리고 거
리의 진흙같이 쏟아 버
렸나이다
43 주께서 나를 백성의 다
툼에서 건지시고 여러 민
족의 으뜸으로 삼으셨으
니 내가 알지 못하는 백
성이 나를 섬기리이다
44 그들이 내 소문을 들은
즉시로 내게 청종함이여
이방인들이 내게 복종하
리로다
45 이방 자손들이 쇠잔하여
그 견고한 곳에서 떨며
나오리로다
46 여호와는 살아 계시니
나의 반석을 찬송하며
내 구원의 하나님을 높일
지로다
47 이 하나님이 나를 위하
여 보복해 주시고 민족
들이 내게 복종하게 해
주시도다
48 주께서 나를 내 원수들
에게서 구조하시니 주께
서 나를 대적하는 자들

의 위에 나를 높이 드시
고 나를 포악한 자에게
서 건지시나이다
49 여호와여 이러므로 내가
이방 나라들 중에서 주
께 감사하며 주의 이름
을 찬송하리이다
50 여호와께서 그 왕에게
큰 구원을 주시며 기름
부음 받은 자에게 인자
를 베푸심이여 영원토록
다윗과 그 후손에게로다

19편 하나님의 살아계심과 다스리심을 선포하고 있습니다. 앞부분은 자연을 보면서 창조주 하나님께 영광을 돌리고, 뒷부분은 하나님의 말씀을 지키고 싶으나 죄인인 자신의 한계를 고백하며 도움을 구하는 내용입니다.

다윗의 시, 인도자를 따라 부르는 노래

1 하늘이 하나님의 영광을
선포하고 궁창이 그의 손
으로 하신 일을 나타내
는도다
2 날은 날에게 말하고 밤
은 밤에게 지식을 전하
니
3 언어도 없고 말씀도 없으
며 들리는 소리도 없으나
4 그의 소리가 온 땅에 통
하고 그의 말씀이 세상
끝까지 이르도다 하나님
이 해를 위하여 하늘에
장막을 베푸셨도다
5 해는 그의 신방에서 나
오는 신랑과 같고 그의
길을 달리기 기뻐하는 장
사 같아서

단어

굴복하다(18:39) 머리를 숙이고 꿇어 엎드리다.
으뜸(18:43) 가장 기본이 되거나 근본이 되는 것. 어떤 것들 가운데 가장 중요한 것.
청종하다(18:44) 사람이 이르는 말을 듣고 잘 좇다.
쇠잔하다(18:45) 힘이나 세력이 차차 줄어서 매우 약해지다.

6 하늘 이 끝에서 나와서
하늘 저 끝까지 운행함
이여 그의 열기에서 피할
자가 없도다
7 여호와의 율법은 완전하
여 영혼을 소성시키며 여
호와의 증거는 확실하여
우둔한 자를 지혜롭게
하며
8 여호와의 교훈은 정직하
여 마음을 기쁘게 하고
여호와의 계명은 순결하
여 눈을 밝게 하시도다
9 여호와를 경외하는 도는
정결하여 영원까지 이르
고 여호와의 법도 진실
하여 다 의로우니
10 금 곧 많은 순금보다 더
사모할 것이며 꿀과 송이
꿀보다 더 달도다
11 또 주의 종이 이것으로
경고를 받고 이것을 지킴
으로 상이 크니이다
12 자기 허물을 능히 깨달
을 자 누구리요 나를 숨
은 허물에서 벗어나게 하
소서
13 또 주의 종에게 고의로
죄를 짓지 말게 하사 그
죄가 나를 주장하지 못
하게 하소서 그리하면 내
가 정직하여 큰 죄과에
서 벗어나겠나이다
14 나의 반석이시요 나의 구
속자이신 여호와여 내
입의 말과 마음의 묵상
이 주님 앞에 열납되기를
원하나이다

20편

전쟁에서의 승리를 기도하는 시입니다. 다윗은 전쟁의 승리와 패배가 하나님께 달려 있음을 알고 있었기에, 전차와 말을 의지하고 자랑할 때보다 하나님을 의지할 때 승리할 수 있음을 고백합니다.

다윗의 시, 인도자를 따라 부르는 노래

1 환난 날에 여호와께서
네게 응답하시고 야곱의
하나님의 이름이 너를
높이 드시며
2 성소에서 너를 도와 주
시고 시온에서 너를 붙드
시며
3 네 모든 소제를 기억하시
며 네 번제를 받아 주시
기를 원하노라 (셀라)
4 네 마음의 소원대로 허
락하시고 네 모든 계획
을 이루어 주시기를 원하
노라
5 우리가 너의 승리로 말미
암아 개가를 부르며 우
리 하나님의 이름으로 우
리의 깃발을 세우리니 여
호와께서 네 모든 기도
를 이루어 주시기를 원하
노라
6 여호와께서 자기에게 기
름부음 받은 자를 구원
하시는 줄 이제 내가 아
노니 그의 오른손의 구
원하는 힘으로 그의 거
룩한 하늘에서 그에게
응답하시리로다
7 어떤 사람은 병거, 어떤
사람은 말을 의지하나 우

단어

송이꿀(19:10) 벌통에서 떠낸, 벌집에 들어 있는 상태의 꿀.
고의(19:13) 일부러 하는 행동이나 생각.
성소(20:2) 제사장이 하나님께 제물을 바치고 의식을 행하던 거룩한 곳.
번제(20:3) 제물을 불로 태워드리는 제사.

리는 여호와 우리 하나님
의 이름을 자랑하리로다
8 그들은 비틀거리며 엎드
러지고 우리는 일어나 바
로 서도다
9 여호와여 왕을 구원하소
서 우리가 부를 때에 우
리에게 응답하소서

21편

전쟁에서 승리한 후에 하나님께 감사, 찬양하는 시입니다. 다윗은 자신의 기도를 들어주시고 승리하게 하신 하나님께 감사와 영광을 돌리고 있습니다. 승리의 비결은 오직 주님을 의지하는 것 뿐입니다.

다윗의 시, 인도자를 따라 부르는 노래

1 여호와여 왕이 주의 힘
으로 말미암아 기뻐하며
주의 구원으로 말미암아
크게 즐거워하리이다
2 그의 마음의 소원을 들
어 주셨으며 그의 입술
의 요구를 거절하지 아니
하셨나이다 (셀라)
3 주의 아름다운 복으로
그를 영접하시고 순금
관을 그의 머리에 씌우
셨나이다
4 그가 생명을 구하매 주
께서 그에게 주셨으니 곧
영원한 장수로소이다
5 주의 구원이 그의 영광
을 크게 하시고 존귀와
위엄을 그에게 입히시나
이다
6 그가 영원토록 지극한
복을 받게 하시며 주 앞
에서 기쁘고 즐겁게 하시
나이다
7 왕이 여호와를 의지하오
니 지존하신 이의 인자함
으로 흔들리지 아니하리

이다
8 왕의 손이 왕의 모든 원
수들을 찾아냄이여 왕의
오른손이 왕을 미워하는
자들을 찾아내리로다
9 왕이 노하실 때에 그들
을 풀무불 같게 할 것이
라 여호와께서 진노하사
그들을 삼키시리니 불이
그들을 소멸하리로다
10 왕이 그들의 후손을 땅
에서 멸함이여 그들의 자
손을 사람 중에서 끊으
리로다
11 비록 그들이 왕을 해하
려 하여 음모를 꾸몄으나
이루지 못하도다
12 왕이 그들로 돌아서게
함이여 그들의 얼굴을
향하여 활시위를 당기리
로다
13 여호와여 주의 능력으로
높임을 받으소서 우리가
주의 권능을 노래하고
찬송하게 하소서

22편

원수들에게 핍박당하여 하나님께 부르짖는 다윗의 심정이 담긴 탄식의 시입니다. 또한 자기 백성을 위해 고난당하실 예수님의 수난을 미리 보여주며, 고통 이후에 열릴 구원과 영광의 비전도 담고 있습니다.

다윗의 시, 인도자를 따라 아얠렛샤할에 맞춘 노래

1 내 하나님이여 내 하나님
이여 어찌 나를 버리셨나
이까 어찌 나를 멀리 하
여 돕지 아니하시오며 내

단어

영접하다(21:3) 손님을 맞아 대접하다.
위엄(21:5) 위세가 있어 의젓하고 엄숙한 태도나 기세.
지극하다(21:6) 더할 수 없이 극진하다.
지존하다(21:7) 더없이 존귀하다.
풀무불(21:9) 금이나 금속을 정련하는 용광로의 불.
음모(21:11) 남모르게 나쁜 일을 꾸밈. 또는 그 꾀.

신음 소리를 듣지 아니하
시나이까
2 내 하나님이여 내가 낮에
도 부르짖고 밤에도 잠잠
하지 아니하오나 응답하
지 아니하시나이다
3 이스라엘의 찬송 중에
계시는 주여 주는 거룩
하시니이다
4 우리 조상들이 주께 의
뢰하고 의뢰하였으므로
그들을 건지셨나이다
5 그들이 주께 부르짖어 구
원을 얻고 주께 의뢰하
여 수치를 당하지 아니하
였나이다
6 나는 벌레요 사람이 아
니라 사람의 비방거리요
백성의 조롱거리니이다
7 나를 보는 자는 다 나를
비웃으며 입술을 비쭉거
리고 머리를 흔들며 말
하되
8 그가 여호와께 의탁하니
구원하실 걸, 그를 기뻐
하시니 건지실 걸 하나이
다
9 오직 주께서 나를 모태에
서 나오게 하시고 내 어
머니의 젖을 먹을 때에
의지하게 하셨나이다
10 내가 날 때부터 주께 맡
긴 바 되었고 모태에서
나올 때부터 주는 나의
하나님이 되셨나이다
11 나를 멀리 하지 마옵소
서 환난이 가까우나 도
울 자 없나이다

12 많은 황소가 나를 에워
싸며 바산의 힘센 소들
이 나를 둘러쌌으며
13 내게 그 입을 벌림이 찢
으며 부르짖는 사자 같으
니이다
14 나는 물같이 쏟아졌으며
내 모든 뼈는 어그러졌으
며 내 마음은 밀랍 같아
서 내 속에서 녹았으며
15 내 힘이 말라 질그릇 조
각 같고 내 혀가 입천장
에 붙었나이다 주께서
또 나를 죽음의 진토 속
에 두셨나이다
16 개들이 나를 에워쌌으며
악한 무리가 나를 둘러
내 수족을 찔렀나이다
17 내가 내 모든 뼈를 셀 수
있나이다 그들이 나를
주목하여 보고
18 내 겉옷을 나누며 속옷
을 제비 뽑나이다
19 여호와여 멀리 하지 마
옵소서 나의 힘이시여 속
히 나를 도우소서
20 내 생명을 칼에서 건지시
며 내 유일한 것을 개의
세력에서 구하소서
21 나를 사자의 입에서 구
하소서 주께서 내게 응
답하시고 들소의 뿔에서
구원하셨나이다
22 내가 주의 이름을 형제에

단어

수치(22:5) 다른 사람들을 볼 낯이 없거나 스스로 떳떳하지 못함. 또는 그런 일.
의탁하다(22:8) 몸이나 마음을 의지하여 맡기다.
바산(22:12) 갈릴리 바다 동쪽인 요단 동부 지역으로 비옥한 평야와 울창한 참나무 숲이 있다.
진토(22:15) 티끌과 흙을 아울러 이르는 말.

게 선포하고 회중 가운데
에서 주를 찬송하리이다
23 여호와를 두려워하는 너
희여 그를 찬송할지어다
야곱의 모든 자손이여 그
에게 영광을 돌릴지어다
너희 이스라엘 모든 자손
이여 그를 경외할지어다
24 그는 곤고한 자의 곤고를
멸시하거나 싫어하지 아
니하시며 그의 얼굴을 그
에게서 숨기지 아니하시
고 그가 울부짖을 때에
들으셨도다
25 큰 회중 가운데에서 나
의 찬송은 주께로부터
온 것이니 주를 경외하
는 자 앞에서 나의 서원
을 갚으리이다
26 겸손한 자는 먹고 배부
를 것이며 여호와를 찾
는 자는 그를 찬송할 것
이라 너희 마음은 영원
히 살지어다
27 땅의 모든 끝이 여호와
를 기억하고 돌아오며 모
든 나라의 모든 족속이
주의 앞에 예배하리니
28 나라는 여호와의 것이요
여호와는 모든 나라의
주재심이로다
29 세상의 모든 풍성한 자
가 먹고 경배할 것이요
진토 속으로 내려가는
자 곧 자기 영혼을 살리
지 못할 자도 다 그 앞에
절하리로다
30 후손이 그를 섬길 것이

요 대대에 주를 전할 것
이며
31 와서 그의 공의를 태어날
백성에게 전함이여 주께
서 이를 행하셨다 할 것
이로다

23편

험한 세상을 살아가는 성도는 양처럼 무력한 존재이지만, 하나님은 그 양을 늘 지키시고 인도하시는 목자이십니다. 다윗은 목자이신 하나님만 의지하면 평안과 영원한 생명을 누릴 수 있다고 노래합니다.

다윗의 시

1 여호와는 나의 목자시니
내게 부족함이 없으리로
다
2 그가 나를 푸른 풀밭에
누이시며 쉴 만한 물 가
로 인도하시는도다
3 내 영혼을 소생시키시고
자기 이름을 위하여 의
의 길로 인도하시는도다
4 내가 사망의 음침한 골짜
기로 다닐지라도 해를 두
려워하지 않을 것은 주께
서 나와 함께 하심이라
주의 지팡이와 막대기가
나를 안위하시나이다
5 주께서 내 원수의 목전에
서 내게 상을 차려 주시
고 기름을 내 머리에 부
으셨으니 내 잔이 넘치나
이다
6 내 평생에 선하심과 인자
하심이 반드시 나를 따
르리니 내가 여호와의 집
에 영원히 살리로다

단어

회중(22:22) 많이 모인 사람들.
서원(22:25) 하나님께 은혜를 구하고, 그 보답으로 어떤 선행을 하겠다고 한 맹세.
주재(22:28) 어떤 일을 중심이 되어 맡아 처리함. 또는 그 사람.
안위하다(23:4) 몸을 편하게 하고 마음을 위로하다.

24편

다윗이 하나님의 법궤를 예루살렘으로 옮긴 사건을 기념하여 지은 시입니다. 세상 만물을 지으시고 다스리시는 만군의 주님이자 영광의 왕이신 하나님을 찬양하고 있습니다.

다윗의 시

1 땅과 거기에 충만한 것과
세계와 그 가운데에 사
는 자들은 다 여호와의
것이로다
2 여호와께서 그 터를 바
다 위에 세우심이여 강
들 위에 건설하셨도다
3 여호와의 산에 오를 자
가 누구며 그의 거룩한
곳에 설 자가 누구인가
4 곧 손이 깨끗하며 마음이
청결하며 뜻을 허탄한 데
에 두지 아니하며 거짓 맹
세하지 아니하는 자로다
5 그는 여호와께 복을 받
고 구원의 하나님께 의
를 얻으리니
6 이는 여호와를 찾는 족
속이요 야곱의 하나님의
얼굴을 구하는 자로다
(셀라)
7 문들아 너희 머리를 들지
어다 영원한 문들아 들
릴지어다 영광의 왕이 들
어가시리로다
8 영광의 왕이 누구시냐 강
하고 능한 여호와시요 전
쟁에 능한 여호와시로다
9 문들아 너희 머리를 들지
어다 영원한 문들아 들
릴지어다 영광의 왕이 들
어가시리로다
10 영광의 왕이 누구시냐 만
군의 여호와께서 곧 영광

의 왕이시로다 (셀라)

25편

원수들의 공격과 자신의 죄로 인해 고통당하며 많은 어려움을 겪은 다윗의 탄식의 기도입니다. 그는 눈물로 회개하며 긍휼과 자비를 베푸시는 여호와 하나님께 도움을 구했습니다.

다윗의 시

1 여호와여 나의 영혼이
주를 우러러보나이다
2 나의 하나님이여 내가 주
께 의지하였사오니 나를
부끄럽지 않게 하시고 나
의 원수들이 나를 이겨
개가를 부르지 못하게
하소서
3 주를 바라는 자들은 수
치를 당하지 아니하려니
와 까닭 없이 속이는 자
들은 수치를 당하리이다
4 여호와여 주의 도를 내
게 보이시고 주의 길을
내게 가르치소서
5 주의 진리로 나를 지도
하시고 교훈하소서 주는
내 구원의 하나님이시니
내가 종일 주를 기다리
나이다
6 여호와여 주의 긍휼하심
과 인자하심이 영원부터
있었사오니 주여 이것들
을 기억하옵소서
7 여호와여 내 젊은 시절
의 죄와 허물을 기억하
지 마시고 주의 인자하
심을 따라 주께서 나를
기억하시되 주의 선하심

단어

허탄하다(24:4) 거짓이 많아서 미덥지 않다.
개가(25:2) 싸움에 이기고 돌아오는 것을 축하하며 부르는 노래.
수치(25:3) 다른 사람들을 볼 낯이 없거나 스스로 떳떳하지 못함. 또는 그런 일.
허물(25:7) 저지른 잘못. 모자라는 점이나 결점.

으로 하옵소서
8 여호와는 선하시고 정직
하시니 그러므로 그의
도로 죄인들을 교훈하시
리로다
9 온유한 자를 정의로 지
도하심이여 온유한 자에
게 그의 도를 가르치시리
로다
10 여호와의 모든 길은 그
의 언약과 증거를 지키는
자에게 인자와 진리로다
11 여호와여 나의 죄악이
크오니 주의 이름으로
말미암아 사하소서
12 여호와를 경외하는 자
누구냐 그가 택할 길을
그에게 가르치시리로다
13 그의 영혼은 평안히 살
고 그의 자손은 땅을 상
속하리로다
14 여호와의 친밀하심이 그
를 경외하는 자들에게
있음이여 그의 언약을
그들에게 보이시리로다
15 내 눈이 항상 여호와를
바라봄은 내 발을 그물
에서 벗어나게 하실 것임
이로다
16 주여 나는 외롭고 괴로
우니 내게 돌이키사 나에
게 은혜를 베푸소서
17 내 마음의 근심이 많사오
니 나를 고난에서 끌어
내소서
18 나의 곤고와 환난을 보시
고 내 모든 죄를 사하소서
19 내 원수를 보소서 그들

의 수가 많고 나를 심히
미워하나이다
20 내 영혼을 지켜 나를 구
원하소서 내가 주께 피하
오니 수치를 당하지 않게
하소서
21 내가 주를 바라오니 성실
과 정직으로 나를 보호
하소서
22 하나님이여 이스라엘을
그 모든 환난에서 속량
하소서

26편 억울하게 고난당하는 다윗이 애타는 마음으로 하나님께 도움을 호소하는 시입니다. 늘 주님의 진리를 따라 살아온 자신의 삶을 고백하며 하나님의 위로와 은혜를 구하고 있습니다.

다윗의 시

1 내가 나의 완전함에 행
하였사오며 흔들리지 아
니하고 여호와를 의지하
였사오니 여호와여 나를
판단하소서
2 여호와여 나를 살피시고
시험하사 내 뜻과 내 양
심을 단련하소서
3 주의 인자하심이 내 목
전에 있나이다 내가 주의
진리 중에 행하여
4 허망한 사람과 같이 앉
지 아니하였사오니 간사
한 자와 동행하지도 아니
하리이다
5 내가 행악자의 집회를 미
워하오니 악한 자와 같
이 앉지 아니하리이다

단어

사하다(25:11) 벌하지 않고 용서해 주다.
속량하다(25:22) 값을 대신 지불해 주는 일. 예수님께서 우리를 대신해 십자가에 못박혀 죽음으로 우리 죄를 대속하신 것을 생각할 수 있다.
단련하다(26:2) 몸과 마음을 시련이나 체험, 실천 등으로 닦고 길러 굳세게 하다.

6 여호와여 내가 무죄하므
로 손을 씻고 주의 제단
에 두루 다니며
7 감사의 소리를 들려 주고
주의 기이한 모든 일을
말하리이다
8 여호와여 내가 주께서
계신 집과 주의 영광이
머무는 곳을 사랑하오니
9 내 영혼을 죄인과 함께,
내 생명을 살인자와 함
께 거두지 마소서
10 그들의 손에 사악함이
있고 그들의 오른손에
뇌물이 가득하오나
11 나는 나의 완전함에 행하
오리니 나를 속량하시고
내게 은혜를 베푸소서
12 내 발이 평탄한 데에 섰
사오니 무리 가운데에서
여호와를 송축하리이다

27편 고난을 당하고 있으나, 평생 주의 집에 살며 주님의 자비로우심을 바라보기 원하는 마음을 고백합니다. 참된 도움은 사람이 아닌 하나님만이 주실 수 있음을 믿으며 하나님을 기다리고 또 기다립니다.

다윗의 시

1 여호와는 나의 빛이요
나의 구원이시니 내가 누
구를 두려워하리요 여호
와는 내 생명의 능력이시
니 내가 누구를 무서워
하리요
2 악인들이 내 살을 먹으
려고 내게로 왔으나 나의
대적들, 나의 원수들인
그들은 실족하여 넘어졌
도다
3 군대가 나를 대적하여
진 칠지라도 내 마음이

두렵지 아니하며 전쟁이
일어나 나를 치려 할지라
도 나는 여전히 태연하리
로다
4 내가 여호와께 바라는
한 가지 일 그것을 구하
리니 곧 내가 내 평생에
여호와의 집에 살면서 여
호와의 아름다움을 바라
보며 그의 성전에서 사모
하는 그것이라
5 여호와께서 환난 날에
나를 그의 초막 속에 비
밀히 지키시고 그의 장막
은밀한 곳에 나를 숨기시
며 높은 바위 위에 두시
리로다
6 이제 내 머리가 나를 둘
러싼 내 원수 위에 들리
리니 내가 그의 장막에
서 즐거운 제사를 드리
겠고 노래하며 여호와를
찬송하리로다
7 여호와여 내가 소리 내
어 부르짖을 때에 들으시
고 또한 나를 긍휼히 여
기사 응답하소서
8 너희는 내 얼굴을 찾으라
하실 때에 내가 마음으
로 주께 말하되 여호와
여 내가 주의 얼굴을 찾
으리이다 하였나이다
9 주의 얼굴을 내게서 숨기
지 마시고 주의 종을 노

단어

기이하다(26:7) 보통과 다르게 유별나고 이상하다.
평탄하다(26:12) 지면이 넓고 평평하다.
태연하다(27:3) 어떠한 일에도 영향을 받지 않고 편안하여 평소와 다름없다.
초막(27:5) 짚이나 풀 따위로 지붕을 만들어 조그맣게 지은 막집.

하여 버리지 마소서 주
는 나의 도움이 되셨나이
다 나의 구원의 하나님이
시여 나를 버리지 마시고
떠나지 마소서
10 내 부모는 나를 버렸으나
여호와는 나를 영접하시
리이다
11 여호와여 주의 도를 내
게 가르치시고 내 원수
를 생각하셔서 평탄한 길
로 나를 인도하소서
12 내 생명을 내 대적에게
맡기지 마소서 위증자와
악을 토하는 자가 일어나
나를 치려 함이니이다
13 내가 산 자들의 땅에서
여호와의 선하심을 보게
될 줄 확실히 믿었도다
14 너는 여호와를 기다릴지
어다 강하고 담대하며
여호와를 기다릴지어다

28편 압살롬의 반역으로 도망갈 때 하나님의 도우심에 감사하며 구원을 찬양하는 다윗의 시입니다. 악을 행하는 자에게 그들의 악행대로 갚으시기를 기도하며 하나님의 선하심과 의로우심에 감사하고 있습니다.

다윗의 시

1 여호와여 내가 주께 부
르짖으오니 나의 반석이
여 내게 귀를 막지 마소
서 주께서 내게 잠잠하시
면 내가 무덤에 내려가는
자와 같을까 하나이다
2 내가 주의 지성소를 향하
여 나의 손을 들고 주께
부르짖을 때에 나의 간구
하는 소리를 들으소서
3 악인과 악을 행하는 자
들과 함께 나를 끌어내

지 마옵소서 그들은 그
이웃에게 화평을 말하나
그들의 마음에는 악독이
있나이다
4 그들이 하는 일과 그들
의 행위가 악한 대로 갚
으시며 그들의 손이 지
은 대로 그들에게 갚아
그 마땅히 받을 것으로
그들에게 갚으소서
5 그들은 여호와께서 행
하신 일과 손으로 지으
신 것을 생각하지 아니하
므로 여호와께서 그들을
파괴하고 건설하지 아니
하시리로다
6 여호와를 찬송함이여 내
간구하는 소리를 들으심
이로다
7 여호와는 나의 힘과 나
의 방패이시니 내 마음
이 그를 의지하여 도움
을 얻었도다 그러므로 내
마음이 크게 기뻐하며
내 노래로 그를 찬송하
리로다
8 여호와는 그들의 힘이시
요 그의 기름부음 받은 자
의 구원의 요새이시로다
9 주의 백성을 구원하시며
주의 산업에 복을 주시
고 또 그들의 목자가 되
시어 영원토록 그들을 인
도하소서

단어

위증자(27:12) 거짓으로 증언하거나 증명하는 사람.
반석(28:1) 어떠한 것을 지탱해 주는 견고하고 든든한 기반을 비유적으로 이르는 말.
지성소(28:2) 성막이나 성전의 가장 안쪽으로, 하나님의 언약궤가 있는 가장 거룩한 곳. 대제사장만이 일 년에 한 번 들어갈 수 있었다.

29편

온 우주와 세상을 다스리시고 주관하시는 하나님의 위대하심과 능력을 '주님의 목소리'로 표현하면서 찬양하는 다윗의 시입니다. 영원토록 다스리시는 하나님께 모든 피조물이 영광을 돌려야 합니다.

다윗의 시

1 너희 권능 있는 자들아
영광과 능력을 여호와께
돌리고 돌릴지어다
2 여호와께 그의 이름에
합당한 영광을 돌리며
거룩한 옷을 입고 여호
와께 예배할지어다
3 여호와의 소리가 물 위에
있도다 영광의 하나님이
우렛소리를 내시니 여호
와는 많은 물 위에 계시
도다
4 여호와의 소리가 힘있음
이여 여호와의 소리가 위
엄차도다
5 여호와의 소리가 백향목
을 꺾으심이여 여호와께
서 레바논 백향목을 꺾
어 부수시도다
6 그 나무를 송아지같이
뛰게 하심이여 레바논과
시론으로 들송아지같이
뛰게 하시도다
7 여호와의 소리가 화염을
가르시도다
8 여호와의 소리가 광야를
진동하심이여 여호와께
서 가데스 광야를 진동
시키시도다
9 여호와의 소리가 암사슴
을 낙태하게 하시고 삼
림을 말갛게 벗기시니
그의 성전에서 그의 모
든 것들이 말하기를 영

광이라 하도다

10 여호와께서 홍수 때에
좌정하셨음이여 여호와
께서 영원하도록 왕으로
좌정하시도다

11 여호와께서 자기 백성에
게 힘을 주심이여 여호와
께서 자기 백성에게 평강
의 복을 주시리로다

30편 다윗의 인생의 마지막 때 지난 삶을 돌아보며 지은 시로 추측합니다. 교만 때문에 심판을 받아 죽을 위기에까지 갔으나 회개했음을 고백하고, 회개하는 자를 구원하시고 통곡을 기쁨으로 바꾸시는 하나님을 찬양합니다.

다윗의 시, 곧 성전 낙성가

1 여호와여 내가 주를 높
일 것은 주께서 나를 끌
어내사 내 원수로 하여
금 나로 말미암아 기뻐하
지 못하게 하심이니이다

2 여호와 내 하나님이여 내
가 주께 부르짖으매 나를
고치셨나이다

3 여호와여 주께서 내 영
혼을 스올에서 끌어내어
나를 살리사 무덤으로
내려가지 아니하게 하셨
나이다

4 주의 성도들아 여호와를
찬송하며 그의 거룩함을
기억하며 감사하라

5 그의 노염은 잠깐이요
그의 은총은 평생이로다
저녁에는 울음이 깃들일
지라도 아침에는 기쁨이
오리로다

단어

우렛소리(29:3) 천둥이 치는 소리.
화염(29:7) 타고 있는 불에서 생기는 붉은빛의 기운.
말갛다(29:9) 산뜻하게 맑고 깨끗하다.
좌정하다(29:10) 자리를 잡아 앉다.
스올(30:3) 죽어서 가는 장소. 음부, 무덤, 지옥으로 번역되기도 한다.

6 내가 형통할 때에 말하기
를 영원히 흔들리지 아니
하리라 하였도다
7 여호와여 주의 은혜로 나
를 산같이 굳게 세우셨더
니 주의 얼굴을 가리시매
내가 근심하였나이다
8 여호와여 내가 주께 부
르짖고 여호와께 간구하
기를
9 내가 무덤에 내려갈 때에
나의 피가 무슨 유익이
있으리요 진토가 어떻게
주를 찬송하며 주의 진
리를 선포하리이까
10 여호와여 들으시고 내게
은혜를 베푸소서 여호와
여 나를 돕는 자가 되소
서 하였나이다
11 주께서 나의 슬픔이 변
하여 내게 춤이 되게 하
시며 나의 베옷을 벗기
고 기쁨으로 띠 띠우셨
나이다
12 이는 잠잠하지 아니하고
내 영광으로 주를 찬송
하게 하심이니 여호와 나
의 하나님이여 내가 주께
영원히 감사하리이다

31편 다윗이 원수에게 쫓기면서 지은 시입니다. 자신에 대한 비방과 생명의 위협 속에서도 하나님을 믿고 바라보며 오히려 기뻐하며 즐거워하는 이유는 하나님이 자신의 고난을 보시고 아신다는 순전한 믿음 때문입니다.

다윗의 시, 인도자를 따라 부르는 노래

1 여호와여 내가 주께 피
하오니 나를 영원히 부끄
럽게 하지 마시고 주의
공의로 나를 건지소서
2 내게 귀를 기울여 속히

건지시고 내게 견고한 바
위와 구원하는 산성이
되소서
3 주는 나의 반석과 산성
이시니 그러므로 주의 이
름을 생각하셔서 나를
인도하시고 지도하소서
4 그들이 나를 위하여 비
밀히 친 그물에서 빼내
소서 주는 나의 산성이
시니이다
5 내가 나의 영을 주의 손
에 부탁하나이다 진리의
하나님 여호와여 나를
속량하셨나이다
6 내가 허탄한 거짓을 숭
상하는 자들을 미워하고
여호와를 의지하나이다
7 내가 주의 인자하심을
기뻐하며 즐거워할 것은
주께서 나의 고난을 보
시고 환난 중에 있는 내
영혼을 아셨으며
8 나를 원수의 수중에 가
두지 아니하셨고 내 발
을 넓은 곳에 세우셨음
이니이다
9 여호와여 내가 고통 중
에 있사오니 내게 은혜를
베푸소서 내가 근심 때
문에 눈과 영혼과 몸이
쇠하였나이다
10 내 일생을 슬픔으로 보
내며 나의 연수를 탄식

단어

형통하다(30:6) 모든 일이 뜻대로 잘되어 가다.
속량하다(31:5) 값을 대신 지불해 주는 일. 예수님께서 우리를 대신해 십자가에 못박혀 죽음으로 우리 죄를 대속하신 것을 생각할 수 있다.
허탄하다(31:6) 거짓이 많아서 미덥지 않다.
쇠하다(31:9) 힘이나 기세가 점점 줄어들어 약해지다.

으로 보냄이여 내 기력이
나의 죄악 때문에 약하
여지며 나의 뼈가 쇠하도
소이다
11 내가 모든 대적들 때문에
욕을 당하고 내 이웃에게
서는 심히 당하니 내 친
구가 놀라고 길에서 보는
자가 나를 피하였나이다
12 내가 잊어버린 바 됨이
죽은 자를 마음에 두지
아니함 같고 깨진 그릇과
같으니이다
13 내가 무리의 비방을 들었
으므로 사방이 두려움으
로 감싸였나이다 그들이
나를 치려고 함께 의논
할 때에 내 생명을 빼앗
기로 꾀하였나이다
14 여호와여 그러하여도 나
는 주께 의지하고 말하기
를 주는 내 하나님이시
라 하였나이다
15 나의 앞날이 주의 손에
있사오니 내 원수들과 나
를 핍박하는 자들의 손
에서 나를 건져 주소서
16 주의 얼굴을 주의 종에게
비추시고 주의 사랑하심
으로 나를 구원하소서
17 여호와여 내가 주를 불
렀사오니 나를 부끄럽게
하지 마시고 악인들을
부끄럽게 하사 스올에서
잠잠하게 하소서
18 교만하고 완악한 말로
무례히 의인을 치는 거짓
입술이 말 못하는 자 되

게 하소서
19 주를 두려워하는 자를
위하여 쌓아 두신 은혜
곧 주께 피하는 자를 위
하여 인생 앞에 베푸신
은혜가 어찌 그리 큰지요
20 주께서 그들을 주의 은
밀한 곳에 숨기사 사람
의 꾀에서 벗어나게 하시
고 비밀히 장막에 감추
사 말 다툼에서 면하게
하시리이다
21 여호와를 찬송할지어다
견고한 성에서 그의 놀
라운 사랑을 내게 보이셨
음이로다
22 내가 놀라서 말하기를 주
의 목전에서 끊어졌다 하
였사오나 내가 주께 부르
짖을 때에 주께서 나의
간구하는 소리를 들으셨
나이다
23 너희 모든 성도들아 여호
와를 사랑하라 여호와께
서 진실한 자를 보호하시
고 교만하게 행하는 자에
게 엄중히 갚으시느니라
24 여호와를 바라는 너희들
아 강하고 담대하라

32편 밧세바 사건을 깊이 뉘우치며 기도하는 다윗의 시입니다. 죄와 허물이 있는 자라도 하나님께 고백하고 회개하면 용서를 받고 기쁨과 평안이 넘치게 됨을 잘 보여 주는 시입니다.

다윗의 마스길

1 허물의 사함을 받고 자신

단어

꾀하다(31:13) 어떤 일을 이루려고 계획하거나 힘을 쓰다.
스올(31:17) 죽어서 가는 장소. 음부, 무덤, 지옥으로 번역되기도 한다.
완악하다(31:18) 억세게 고집스럽고 모질다.
목전(31:22) 눈으로 볼 수 있는 아주 가까운 곳.

의 죄가 가려진 자는 복
이 있도다
2 마음에 간사함이 없고
여호와께 정죄를 당하지
아니하는 자는 복이 있
도다
3 내가 입을 열지 아니할
때에 종일 신음하므로
내 뼈가 쇠하였도다
4 주의 손이 주야로 나를
누르시오니 내 진액이 빠
져서 여름 가뭄에 마름
같이 되었나이다 (셀라)
5 내가 이르기를 내 허물
을 여호와께 자복하리
라 하고 주께 내 죄를 아
뢰고 내 죄악을 숨기지
아니하였더니 곧 주께서
내 죄악을 사하셨나이다
(셀라)
6 이로 말미암아 모든 경건
한 자는 주를 만날 기회
를 얻어서 주께 기도할지
라 진실로 홍수가 범람할
지라도 그에게 미치지 못
하리이다
7 주는 나의 은신처이오니
환난에서 나를 보호하시
고 구원의 노래로 나를
두르시리이다 (셀라)
8 내가 네 갈 길을 가르쳐
보이고 너를 주목하여
훈계하리로다
9 너희는 무지한 말이나 노
새같이 되지 말지어다 그
것들은 재갈과 굴레로
단속하지 아니하면 너희
에게 가까이 가지 아니하

리로다

10 악인에게는 많은 슬픔이
있으나 여호와를 신뢰하
는 자에게는 인자하심이
두르리로다

11 너희 의인들아 여호와를
기뻐하며 즐거워할지어
다 마음이 정직한 너희
들아 다 즐거이 외칠지
어다

33편 저자를 알 수 없는 이 시는 하나님의 도우심으로 재난을 면하게 된 것을 감사하는 찬양시입니다. 하늘에서 모든 것을 살펴보시며 백성들의 완전한 구원자이자 방패가 되시는 하나님을 찬양합니다.

1 너희 의인들아 여호와를
즐거워하라 찬송은 정직
한 자들이 마땅히 할 바
로다

2 수금으로 여호와께 감사
하고 열 줄 비파로 찬송
할지어다

3 새 노래로 그를 노래하며
즐거운 소리로 아름답게
연주할지어다

4 여호와의 말씀은 정직하
며 그가 행하시는 일은
다 진실하시도다

5 그는 공의와 정의를 사랑
하심이여 세상에는 여호
와의 인자하심이 충만하
도다

6 여호와의 말씀으로 하늘
이 지음이 되었으며 그
만상을 그의 입 기운으
로 이루었도다

단어

진액(32:4) 생물의 몸 안에서 생겨나는 액체.
허물(32:5) 저지른 잘못. 모자란 점이나 결점.
자복하다(32:5) 자기 죄를 스스로 고백하고 복종하다.
범람하다(32:6) 물이 계곡이나 하천에서 넘쳐흐르다.
은신처(32:7) 몸을 숨기는 곳.
만상(33:6) 형상이 있는 온갖 물건.

7 그가 바닷물을 모아 무
더기같이 쌓으시며 깊은
물을 곳간에 두시도다
8 온 땅은 여호와를 두려
워하며 세상의 모든 거민
들은 그를 경외할지어다
9 그가 말씀하시매 이루어
졌으며 명령하시매 견고
히 섰도다
10 여호와께서 나라들의 계
획을 폐하시며 민족들의
사상을 무효하게 하시도
다
11 여호와의 계획은 영원히
서고 그의 생각은 대대
에 이르리로다
12 여호와를 자기 하나님으
로 삼은 나라 곧 하나님
의 기업으로 선택된 백성
은 복이 있도다
13 여호와께서 하늘에서 굽
어보사 모든 인생을 살피
심이여
14 곧 그가 거하시는 곳에
서 세상의 모든 거민들
을 굽어살피시는도다
15 그는 그들 모두의 마음
을 지으시며 그들이 하
는 일을 굽어살피시는 이
로다
16 많은 군대로 구원 얻은
왕이 없으며 용사가 힘이
세어도 스스로 구원하지
못하는도다
17 구원하는 데에 군마는
헛되며 군대가 많다 하여
도 능히 구하지 못하는
도다

18 여호와는 그를 경외하는
자 곧 그의 인자하심을
바라는 자를 살피사
19 그들의 영혼을 사망에서
건지시며 그들이 굶주릴
때에 그들을 살리시는도
다
20 우리 영혼이 여호와를
바람이여 그는 우리의 도
움과 방패시로다
21 우리 마음이 그를 즐거
워함이여 우리가 그의
성호를 의지하였기 때문
이로다
22 여호와여 우리가 주께 바
라는 대로 주의 인자하심
을 우리에게 베푸소서

34편 사울을 피해 블레셋으로 도망갔던 다윗이 가드 왕 아기스 앞에서 미친 체하고 유대 광야를 빠져나올 때 지은 시입니다. 하나님은 언제나 의인을 보호하십니다. 주님을 피난처로 삼은 사람은 구원을 얻습니다.

다윗이 아비멜렉 앞에서 미친 체하다가 쫓겨나서 지은 시

1 내가 여호와를 항상 송
축함이여 내 입술로 항
상 주를 찬양하리이다
2 내 영혼이 여호와를 자
랑하리니 곤고한 자들이
이를 듣고 기뻐하리로다
3 나와 함께 여호와를 광
대하시다 하며 함께 그
의 이름을 높이세
4 내가 여호와께 간구하매
내게 응답하시고 내 모
든 두려움에서 나를 건

단어

거민(33:8) 일정한 곳에 거주하는 사람.
폐하다(33:10) 없애거나 그만두다.
사상(33:10) 사회, 정치, 인생 등에 대한 일정한 견해나 생각.
굽어살피다(33:14) 내려다보며 자세히 살피다.
곤고하다(34:2) 형편이나 처지가 어렵고 고생스럽다.

지셨도다
5 그들이 주를 앙망하고
광채를 내었으니 그들의
얼굴은 부끄럽지 아니하
리로다
6 이 곤고한 자가 부르짖으
매 여호와께서 들으시고
그의 모든 환난에서 구
원하셨도다
7 여호와의 천사가 주를 경
외하는 자를 둘러 진 치
고 그들을 건지시는도다
8 너희는 여호와의 선하심
을 맛보아 알지어다 그에
게 피하는 자는 복이 있
도다
9 너희 성도들아 여호와
를 경외하라 그를 경외
하는 자에게는 부족함이
없도다
10 젊은 사자는 궁핍하여
주릴지라도 여호와를 찾
는 자는 모든 좋은 것에
부족함이 없으리로다
11 너희 자녀들아 와서 내
말을 들으라 내가 여호
와를 경외하는 법을 너
희에게 가르치리로다
12 생명을 사모하고 연수를
사랑하여 복 받기를 원
하는 사람이 누구뇨
13 네 혀를 악에서 금하며
네 입술을 거짓말에서
금할지어다
14 악을 버리고 선을 행하
며 화평을 찾아 따르지
어다
15 여호와의 눈은 의인을

향하시고 그의 귀는 그
들의 부르짖음에 기울이
시는도다
16 여호와의 얼굴은 악을
행하는 자를 향하사 그
들의 자취를 땅에서 끊
으려 하시는도다
17 의인이 부르짖으매 여호
와께서 들으시고 그들
의 모든 환난에서 건지셨
도다
18 여호와는 마음이 상한
자를 가까이하시고 충심
으로 통회하는 자를 구
원하시는도다
19 의인은 고난이 많으나 여
호와께서 그의 모든 고
난에서 건지시는도다
20 그의 모든 뼈를 보호하
심이여 그중에서 하나도
꺾이지 아니하도다
21 악이 악인을 죽일 것이
라 의인을 미워하는 자
는 벌을 받으리로다
22 여호와께서 그의 종들의
영혼을 속량하시나니 그
에게 피하는 자는 다 벌
을 받지 아니하리로다

35편 사울과 그 일당들은 끈질기게 다윗을 죽이려고 했습니다. 다윗은 자신의 손으로 원수에게 복수하는 대신, 의로우신 하나님께서 친히 그들을 물리쳐 주실 것을 간절히 기도했습니다.

다윗의 시

1 여호와여 나와 다투는
자와 다투시고 나와 싸

단어

앙망하다(34:5) 다른 사람을 존경하는 마음으로 우러러보다.
진(34:7) 군사들이 대열을 이뤄 자리를 잡음.
자취(34:16) 무엇이 시간적 혹은 공간적으로 지나가거나 있다가 남기고 간 흔적. 또는 남겨진 흔적.
통회하다(34:18) 잘못을 매우 많이 뉘우치다.

우는 자와 싸우소서
2 방패와 손 방패를 잡으시
고 일어나 나를 도우소서
3 창을 빼사 나를 쫓는 자
의 길을 막으시고 또 내
영혼에게 나는 네 구원
이라 이르소서
4 내 생명을 찾는 자들이
부끄러워 수치를 당하게
하시며 나를 상해하려
하는 자들이 물러가 낭
패를 당하게 하소서
5 그들을 바람 앞에 겨와
같게 하시고 여호와의 천
사가 그들을 몰아내게
하소서
6 그들의 길을 어둡고 미끄
럽게 하시며 여호와의 천
사가 그들을 뒤쫓게 하
소서
7 그들이 까닭 없이 나를
잡으려고 그들의 그물을
웅덩이에 숨기며 까닭 없
이 내 생명을 해하려고
함정을 팠사오니
8 멸망이 순식간에 그에게
닥치게 하시며 그가 숨긴
그물에 자기가 잡히게 하
시며 멸망 중에 떨어지게
하소서
9 내 영혼이 여호와를 즐
거워함이여 그의 구원을
기뻐하리로다
10 내 모든 뼈가 이르기를
여호와와 같은 이가 누구
냐 그는 가난한 자를 그
보다 강한 자에게서 건지
시고 가난하고 궁핍한 자

를 노략하는 자에게서 건
지시는 이라 하리로다
11 불의한 증인들이 일어나
서 내가 알지 못하는 일
로 내게 질문하며
12 내게 선을 악으로 갚아
나의 영혼을 외롭게 하나
13 나는 그들이 병 들었을
때에 굵은 베 옷을 입으
며 금식하여 내 영혼을
괴롭게 하였더니 내 기도
가 내 품으로 돌아왔도다
14 내가 나의 친구와 형제에
게 행함같이 그들에게 행
하였으며 내가 몸을 굽히
고 슬퍼하기를 어머니를
곡함같이 하였도다

15 그러나 내가 넘어지매 그
들이 기뻐하여 서로 모임
이여 불량배가 내가 알
지 못하는 중에 모여서
나를 치며 찢기를 마지아
니하도다
16 그들은 연회에서 망령되
이 조롱하는 자같이 나
를 향하여 그들의 이를
갈도다
17 주여 어느 때까지 관망
하시려 하나이까 내 영혼
을 저 멸망자에게서 구
원하시며 내 유일한 것을
사자들에게서 건지소서
18 내가 대회 중에서 주께
감사하며 많은 백성 중

단어

상해하다(35:4) 상처나 피해를 입히다.
낭패(35:4) 바라던 일이 실패로 돌아가거나 기대에 어긋나 딱하게 됨.
겨(35:5) 벼, 보리, 조 같은 곡식의 낟알을 찧어 벗겨 낸 껍질을 통틀어 이르는 말.
망령되다(35:16) 이치에 맞지 않아 허황되고 주책없다.

에서 주를 찬송하리이다
19 부당하게 나의 원수된 자
가 나로 말미암아 기뻐하
지 못하게 하시며 까닭
없이 나를 미워하는 자
들이 서로 눈짓하지 못하
게 하소서
20 무릇 그들은 화평을 말
하지 아니하고 오히려 평
안히 땅에 사는 자들을
거짓말로 모략하며
21 또 그들이 나를 향하여
입을 크게 벌리고 하하
우리가 목격하였다 하나
이다
22 여호와여 주께서 이를
보셨사오니 잠잠하지 마
옵소서 주여 나를 멀리
하지 마옵소서
23 나의 하나님, 나의 주여
떨치고 깨셔서 나를 공
판하시며 나의 송사를
다스리소서
24 여호와 나의 하나님이여
주의 공의대로 나를 판
단하사 그들이 나로 말
미암아 기뻐하지 못하게
하소서
25 그들이 마음속으로 이르
기를 아하 소원을 성취하
였다 하지 못하게 하시며
우리가 그를 삼켰다 말하
지 못하게 하소서
26 나의 재난을 기뻐하는
자들이 함께 부끄러워
낭패를 당하게 하시며
나를 향하여 스스로 뽐
내는 자들이 수치와 욕

을 당하게 하소서
27 나의 의를 즐거워하는
자들이 기꺼이 노래 부
르고 즐거워하게 하시며
그의 종의 평안함을 기뻐
하시는 여호와는 위대하
시다 하는 말을 그들이
항상 말하게 하소서
28 나의 혀가 주의 의를 말
하며 종일토록 주를 찬
송하리이다

36편 하나님을 향한 사랑과 믿음이 개인의 삶과 운명을 결정한다는 것을 교훈하는 다윗의 시입니다. 악인은 하나님을 두려워하지 않고 교만하지만, 의인은 하나님의 사랑을 깨닫고 늘 겸손하게 살아갑니다.

여호와의 종 다윗의 시, 인도자를 따라 부르는 노래

1 악인의 죄가 그의 마음
속으로 이르기를 그의
눈에는 하나님을 두려워
하는 빛이 없다 하니
2 그가 스스로 자랑하기를
자기의 죄악은 드러나지
아니하고 미워함을 받지
도 아니하리라 함이로다
3 그의 입에서 나오는 말은
죄악과 속임이라 그는 지
혜와 선행을 그쳤도다
4 그는 그의 침상에서 죄
악을 꾀하며 스스로 악
한 길에 서고 악을 거절
하지 아니하는도다
5 여호와여 주의 인자하심
이 하늘에 있고 주의 진
실하심이 공중에 사무쳤

단어

부당하다(35:19) 이치에 맞지 않거나 당치않다.
모략하다(35:20) 다른 사람을 해치기 위하여 사실을 왜곡하거나 속임수를 써서 일을 꾸미다.
공판하다(35:23) 법원이 사건이나 사람을 조사하거나 판결하다.
사무치다(36:5) 감정이나 느낌이 강하게 느껴지다.

으며
6 주의 의는 하나님의 산
들과 같고 주의 심판은
큰 바다와 같으니이다 여
호와여 주는 사람과 짐
승을 구하여 주시나이다
7 하나님이여 주의 인자하
심이 어찌 그리 보배로
우신지요 사람들이 주의
날개 그늘 아래에 피하
나이다
8 그들이 주의 집에 있는 살
진 것으로 풍족할 것이라
주께서 주의 복락의 강
물을 마시게 하시리이다
9 진실로 생명의 원천이 주
께 있사오니 주의 빛 안에
서 우리가 빛을 보리이다
10 주를 아는 자들에게 주
의 인자하심을 계속 베
푸시며 마음이 정직한
자에게 주의 공의를 베
푸소서
11 교만한 자의 발이 내게
이르지 못하게 하시며 악
인들의 손이 나를 쫓아
내지 못하게 하소서
12 악을 행하는 자들이 거
기서 넘어졌으니 엎드러
지고 다시 일어날 수 없
으리이다

37편 노인이 된 다윗은 악한 자들이 잘 되는 것을 보고 속상해하는 젊은이들에게 자신의 신앙과 삶을 통해 교훈하며 위로합니다. 하나님의 공의가 선포될 것을 믿고 기다리며 하나님의 법도를 지키라고 교훈합니다.

다윗의 시

1 악을 행하는 자들 때문
에 불평하지 말며 불의
를 행하는 자들을 시기

하지 말지어다
2 그들은 풀과 같이 속히
베임을 당할 것이며 푸
른 채소같이 쇠잔할 것임
이로다
3 여호와를 의뢰하고 선을
행하라 땅에 머무는 동
안 그의 성실을 먹을 거
리로 삼을지어다
4 또 여호와를 기뻐하라
그가 네 마음의 소원을
네게 이루어 주시리로다
5 네 길을 여호와께 맡기
라 그를 의지하면 그가
이루시고
6 네 의를 빛같이 나타내시
며 네 공의를 정오의 빛
같이 하시리로다
7 여호와 앞에 잠잠하고
참고 기다리라 자기 길이
형통하며 악한 꾀를 이
루는 자 때문에 불평하
지 말지어다
8 분을 그치고 노를 버리
며 불평하지 말라 오히려
악을 만들 뿐이라
9 진실로 악을 행하는 자
들은 끊어질 것이나 여
호와를 소망하는 자들은
땅을 차지하리로다
10 잠시 후에는 악인이 없
어지리니 네가 그곳을
자세히 살필지라도 없으
리로다

단어

보배롭다(36:7) 보배같이 귀하고 가치가 있을 만하다.
복락(36:8) 복을 얻는 일과 즐겁게 사는 일.
원천(36:9) 사물의 근원.
시기하다(37:1) 다른 사람 또는 그의 잘된 일이나 좋은 점을 샘내고 미워하다.
공의(37:6) 공평하고 의로운 도의.

11 그러나 온유한 자들은
땅을 차지하며 풍성한 화
평으로 즐거워하리로다
12 악인이 의인 치기를 꾀하
고 그를 향하여 그의 이
를 가는도다
13 그러나 주께서 그를 비웃
으시리니 그의 날이 다
가옴을 보심이로다
14 악인이 칼을 빼고 활을
당겨 가난하고 궁핍한
자를 엎드러뜨리며 행위
가 정직한 자를 죽이고
자 하나
15 그들의 칼은 오히려 그들
의 양심을 찌르고 그들
의 활은 부러지리로다
16 의인의 적은 소유가 악인
의 풍부함보다 낫도다

17 악인의 팔은 부러지나 의
인은 여호와께서 붙드시
는도다
18 여호와께서 온전한 자의
날을 아시나니 그들의 기
업은 영원하리로다
19 그들은 환난 때에 부끄
러움을 당하지 아니하며
기근의 날에도 풍족할
것이나
20 악인들은 멸망하고 여호
와의 원수들은 어린 양
의 기름같이 타서 연기
가 되어 없어지리로다
21 악인은 꾸고 갚지 아니하
나 의인은 은혜를 베풀
고 주는도다
22 주의 복을 받은 자들은
땅을 차지하고 주의 저

주를 받은 자들은 끊어
지리로다
23 여호와께서 사람의 걸음
을 정하시고 그의 길을
기뻐하시나니
24 그는 넘어지나 아주 엎드
러지지 아니함은 여호와
께서 그의 손으로 붙드심
이로다
25 내가 어려서부터 늙기까
지 의인이 버림을 당하거
나 그의 자손이 걸식함
을 보지 못하였도다
26 그는 종일토록 은혜를
베풀고 꾸어 주니 그의
자손이 복을 받는도다
27 악에서 떠나 선을 행하라
그리하면 영원히 살리니
28 여호와께서 정의를 사랑
하시고 그의 성도를 버리
지 아니하심이로다 그들
은 영원히 보호를 받으나
악인의 자손은 끊어지리
로다
29 의인이 땅을 차지함이여
거기서 영원히 살리로다
30 의인의 입은 지혜로우며
그의 혀는 정의를 말하
며
31 그의 마음에는 하나님의
법이 있으니 그의 걸음
은 실족함이 없으리로다
32 악인이 의인을 엿보아 살
해할 기회를 찾으나

단어

궁핍하다(37:14) 몹시 가난하고 궁하다.
기근(37:19) 식량이 모자라서 굶주리는 일.
걸식하다(37:25) 남에게 음식 따위를 구걸하여 거저 얻어먹다.
실족하다(37:31) 발을 잘못 디디다. 행동을 잘못한 것을 비유적으로 이르는 말.

33 여호와는 그를 악인의
손에 버려 두지 아니하시
고 재판 때에도 정죄하지
아니하시리로다
34 여호와를 바라고 그의
도를 지키라 그리하면 네
가 땅을 차지하게 하실
것이라 악인이 끊어질 때
에 네가 똑똑히 보리로다
35 내가 악인의 큰 세력을
본즉 그 본래의 땅에 서
있는 나무 잎이 무성함
과 같으나
36 내가 지나갈 때에 그는
없어졌나니 내가 찾아도
발견하지 못하였도다
37 온전한 사람을 살피고
정직한 자를 볼지어다 모
든 화평한 자의 미래는
평안이로다
38 범죄자들은 함께 멸망하
리니 악인의 미래는 끊어
질 것이나
39 의인들의 구원은 여호와
로부터 오나니 그는 환
난 때에 그들의 요새이
시로다
40 여호와께서 그들을 도와
건지시되 악인들에게서
건져 구원하심은 그를
의지한 까닭이로다

38편 죄는 심판하시지만 사랑으로 자신의 백성을 용서하시는 하나님을 기념하기 위해 지은 시입니다. 밧세바를 범한 죄를 깨닫고 회개한 다윗이 죄로 인한 몸과 마음의 고통을 묘사하며, 하나님의 도우심을 구합니다.

다윗의 기념하는 시

1 여호와여 주의 노하심
으로 나를 책망하지 마
시고 주의 분노하심으로

나를 징계하지 마소서
2 주의 화살이 나를 찌르
고 주의 손이 나를 심히
누르시나이다
3 주의 진노로 말미암아
내 살에 성한 곳이 없사
오며 나의 죄로 말미암
아 내 뼈에 평안함이 없
나이다
4 내 죄악이 내 머리에 넘
쳐서 무거운 짐 같으니
내가 감당할 수 없나이다
5 내 상처가 썩어 악취가
나오니 내가 우매한 까닭
이로소이다
6 내가 아프고 심히 구부
러졌으며 종일토록 슬픔
중에 다니나이다
7 내 허리에 열기가 가득하
고 내 살에 성한 곳이 없
나이다
8 내가 피곤하고 심히 상하
였으매 마음이 불안하여
신음하나이다
9 주여 나의 모든 소원이
주 앞에 있사오며 나의
탄식이 주 앞에 감추이
지 아니하나이다
10 내 심장이 뛰고 내 기력
이 쇠하여 내 눈의 빛도
나를 떠났나이다
11 내가 사랑하는 자와 내
친구들이 내 상처를 멀
리하고 내 친척들도 멀리

단어

무성하다(37:35) 잘 자라서 우거질 정도로 빽빽하다.
책망하다(38:1) 잘못을 나무라거나 꾸짖으며 못마땅하게 여기다.
성하다(38:3) 병이나 탈이 없다. 손상되지 않고 처음 그대로 온전하다.
우매하다(38:5) 어리석고 사리에 어둡다.

섰나이다
12 내 생명을 찾는 자가 올
무를 놓고 나를 해하려
는 자가 괴악한 일을 말
하여 종일토록 음모를 꾸
미오나
13 나는 못 듣는 자같이 듣
지 아니하고 말 못하는
자같이 입을 열지 아니하
오니
14 나는 듣지 못하는 자 같
아서 내 입에는 반박할
말이 없나이다
15 여호와여 내가 주를 바
랐사오니 내 주 하나님이
내게 응답하시리이다
16 내가 말하기를 두렵건대
그들이 나 때문에 기뻐
하며 내가 실족할 때에
나를 향하여 스스로 교
만할까 하였나이다
17 내가 넘어지게 되었고 나
의 근심이 항상 내 앞에
있사오니
18 내 죄악을 아뢰고 내 죄
를 슬퍼함이니이다
19 내 원수가 활발하며 강
하고 부당하게 나를 미워
하는 자가 많으며
20 또 악으로 선을 대신하
는 자들이 내가 선을 따
른다는 것 때문에 나를
대적하나이다
21 여호와여 나를 버리지
마소서 나의 하나님이여
나를 멀리하지 마소서
22 속히 나를 도우소서 주
나의 구원이시여

39편

노인이 되어 지난날을 돌이켜본 다윗이 잘못을 뉘우치며 지은 시입니다. 다윗은 인간은 나그네처럼 머물다 가는 존재임을 고백하며 오직 하나님 안에만 참 희망이 있음을 말합니다.

다윗의 시, 인도자를 따라 여두둔 형식으로 부르는 노래

1 내가 말하기를 나의 행위를 조심하여 내 혀로 범죄하지 아니하리니 악인이 내 앞에 있을 때에 내가 내 입에 재갈을 먹이리라 하였도다
2 내가 잠잠하여 선한 말도 하지 아니하니 나의 근심이 더 심하도다
3 내 마음이 내 속에서 뜨거워서 작은 소리로 읊조릴 때에 불이 붙으니 나의 혀로 말하기를
4 여호와여 나의 종말과 연한이 언제까지인지 알게 하사 내가 나의 연약함을 알게 하소서
5 주께서 나의 날을 한 뼘 길이만큼 되게 하시매 나의 일생이 주 앞에는 없는 것 같사오니 사람은 그가 든든히 서 있는 때에도 진실로 모두가 허사뿐이니이다 (셀라)
6 진실로 각 사람은 그림자 같이 다니고 헛된 일로 소란하며 재물을 쌓으나 누가 거둘는지 알지 못하나이다

단어

반박하다(38:14) 반대하여 주장을 펴다.
근심(38:17) 해결되지 않은 일 때문에 속을 태우거나 우울해함.
재갈(39:1) 소리를 내지 못하도록 사람의 입에 물리는 물건.
연한(39:4) 정해지거나 경과한 햇수.

7 주여 이제 내가 무엇을
바라리요 나의 소망은
주께 있나이다
8 나를 모든 죄에서 건지시
며 우매한 자에게서 욕
을 당하지 아니하게 하소
서
9 내가 잠잠하고 입을 열지
아니함은 주께서 이를
행하신 까닭이니이다
10 주의 징벌을 나에게서 옮
기소서 주의 손이 치심으
로 내가 쇠망하였나이다
11 주께서 죄악을 책망하사
사람을 징계하실 때에
그 영화를 좀먹음같이
소멸하게 하시니 참으로
인생이란 모두 헛될 뿐이
니이다 (셀라)
12 여호와여 나의 기도를 들
으시며 나의 부르짖음에
귀를 기울이소서 내가
눈물 흘릴 때에 잠잠하
지 마옵소서 나는 주와
함께 있는 나그네이며 나
의 모든 조상들처럼 떠도
나이다
13 주는 나를 용서하사 내가
떠나 없어지기 전에 나의
건강을 회복시키소서

40편 다윗은 가장 힘든 상황 중에도 하나님이 자신을 구원해 주셨음에 감사했습니다. 다윗을 통해 언제나 구원의 은혜에 감사하고 믿음을 지켜나가는 신앙인의 자세를 배울 수 있습니다.

다윗의 시, 인도자를 따라 부르는 노래

1 내가 여호와를 기다리고
기다렸더니 귀를 기울이
사 나의 부르짖음을 들으
셨도다

2 나를 기가 막힐 웅덩이
와 수렁에서 끌어올리시
고 내 발을 반석 위에 두
사 내 걸음을 견고하게
하셨도다
3 새 노래 곧 우리 하나님
께 올릴 찬송을 내 입에
두셨으니 많은 사람이
보고 두려워하여 여호와
를 의지하리로다
4 여호와를 의지하고 교만
한 자와 거짓에 치우치는
자를 돌아보지 아니하는
자는 복이 있도다
5 여호와 나의 하나님이여
주께서 행하신 기적이 많
고 우리를 향하신 주의
생각도 많아 누구도 주
와 견줄 수가 없나이다
내가 널리 알려 말하고
자 하나 너무 많아 그 수
를 셀 수도 없나이다
6 주께서 내 귀를 통하여
내게 들려 주시기를 제사
와 예물을 기뻐하지 아니
하시며 번제와 속죄제를
요구하지 아니하신다 하
신지라
7 그때에 내가 말하기를 내
가 왔나이다 나를 가리
켜 기록한 것이 두루마
리 책에 있나이다
8 나의 하나님이여 내가 주
의 뜻 행하기를 즐기오니

단어

징벌(39:10) 부정한 행위를 한 사람이나 단체를 경계하고 벌을 줌.
쇠망하다(39:10) 쇠퇴하여 망하다.
좀먹다(39:11) 좀이 슬어 여기저기 구멍이 나다.
속죄제(40:6) 지은 죄를 용서받기 위해 하나님께 드리는 제사.

주의 법이 나의 심중에
있나이다 하였나이다
9 내가 많은 회중 가운데
에서 의의 기쁜 소식을
전하였나이다 여호와여
내가 내 입술을 닫지 아
니할 줄을 주께서 아시
나이다
10 내가 주의 공의를 내 심
중에 숨기지 아니하고 주
의 성실과 구원을 선포하
였으며 내가 주의 인자와
진리를 많은 회중 가운데
에서 감추지 아니하였나
이다
11 여호와여 주의 긍휼을
내게서 거두지 마시고 주
의 인자와 진리로 나를
항상 보호하소서
12 수많은 재앙이 나를 둘
러싸고 나의 죄악이 나
를 덮치므로 우러러볼 수
도 없으며 죄가 나의 머
리털보다 많으므로 내가
낙심하였음이니이다
13 여호와여 은총을 베푸사
나를 구원하소서 여호와
여 속히 나를 도우소서
14 내 생명을 찾아 멸하려
하는 자는 다 수치와 낭
패를 당하게 하시며 나의
해를 기뻐하는 자는 다
물러가 욕을 당하게 하
소서
15 나를 향하여 하하 하하
하며 조소하는 자들이
자기 수치로 말미암아 놀
라게 하소서

16 주를 찾는 자는 다 주
안에서 즐거워하고 기뻐
하게 하시며 주의 구원
을 사랑하는 자는 항상
말하기를 여호와는 위대
하시다 하게 하소서
17 나는 가난하고 궁핍하오
나 주께서는 나를 생각
하시오니 주는 나의 도움
이시요 나를 건지시는 이
시라 나의 하나님이여 지
체하지 마소서

41편 병들고 약해진 동안 고통을 경험한 다윗의 시입니다. 가난하고 힘없는 사람들을 돌보던 의인이 병상에 누워 원수들에게 조롱을 당할 지라도, 하나님께서 은혜를 베풀어 회복시키실 것을 믿고 간구하는 내용입니다.

다윗의 시, 인도자를 따라 부르는 노래

1 가난한 자를 보살피는
자에게 복이 있음이여
재앙의 날에 여호와께서
그를 건지시리로다
2 여호와께서 그를 지키사
살게 하시리니 그가 이
세상에서 복을 받을 것이
라 주여 그를 그 원수들
의 뜻에 맡기지 마소서
3 여호와께서 그를 병상에
서 붙드시고 그가 누워
있을 때마다 그의 병을
고쳐 주시나이다
4 내가 말하기를 여호와여
내게 은혜를 베푸소서
내가 주께 범죄하였사오
니 나를 고치소서 하였
나이다

단어

회중(40:9) 많이 모인 사람들.
낙심하다(40:12) 바라던 일이 이루어지지 않아 맥이 풀리고 마음이 상하다.
낭패(40:14) 바라던 일이 실패로 돌아가거나 기대에 어긋나 딱하게 됨.
조소하다(40:15) 깔보고 놀리어 웃다.

5 나의 원수가 내게 대하
여 악담하기를 그가 어
느 때에나 죽고 그의 이
름이 언제나 없어질까 하
며
6 나를 보러 와서는 거짓
을 말하고 그의 중심에
악을 쌓았다가 나가서는
이를 널리 선포하오며
7 나를 미워하는 자가 다
하나같이 내게 대하여
수군거리고 나를 해하려
고 꾀하며
8 이르기를 악한 병이 그에
게 들었으니 이제 그가
눕고 다시 일어나지 못하
리라 하오며
9 내가 신뢰하여 내 떡을
나눠 먹던 나의 가까운
친구도 나를 대적하여 그
의 발꿈치를 들었나이다
10 그러하오나 주 여호와여
내게 은혜를 베푸시고
나를 일으키사 내가 그
들에게 보응하게 하소서
이로써
11 내 원수가 나를 이기지
못하오니 주께서 나를 기
뻐하시는 줄을 내가 알
았나이다
12 주께서 나를 온전한 중
에 붙드시고 영원히 주
앞에 세우시나이다
13 이스라엘의 하나님 여호
와를 영원부터 영원까지
송축할지로다 아멘 아멘

제 이 권

42편 사람들에게 박해를 받으며, 하나님께 버림받았다고 느끼는 시인이 하나님을 간절히 찾는 시입니다. 그는 성전에서 봉사하며 하나님께 경배하던 때를 그리워하며 낙심하지 않고 하나님께 소망을 둡니다.

고라 자손의 마스길, 인도자를 따라 부르는 노래

1 하나님이여 사슴이 시냇
물을 찾기에 갈급함같이
내 영혼이 주를 찾기에
갈급하니이다
2 내 영혼이 하나님 곧 살
아 계시는 하나님을 갈
망하나니 내가 어느 때
에 나아가서 하나님의 얼
굴을 뵈올까
3 사람들이 종일 내게 하는
말이 네 하나님이 어디 있
느뇨 하오니 내 눈물이 주
야로 내 음식이 되었도다
4 내가 전에 성일을 지키는
무리와 동행하여 기쁨과
감사의 소리를 내며 그들
을 하나님의 집으로 인
도하였더니 이제 이 일을
기억하고 내 마음이 상
하는도다
5 내 영혼아 네가 어찌하
여 낙심하며 어찌하여
내 속에서 불안해 하는
가 너는 하나님께 소망
을 두라 그가 나타나 도

단어

선포하다(41:6) 어떤 일이나 법을 세상에 널리 알리다.
보응하다(41:10) 그 원인과 결과에 따라 은혜와 원한을 자기가 입었던 것만큼 갚다.
송축하다(41:13) 기리고 축하하다.
갈급하다(42:1) 속이 마를 지경으로 몹시 바라다.
갈망하다(42:2) 간절하고 애타게 바라다.

우심으로 말미암아 내가
여전히 찬송하리로다
6 내 하나님이여 내 영혼이
내 속에서 낙심이 되므
로 내가 요단 땅과 헤르
몬과 미살 산에서 주를
기억하나이다
7 주의 폭포 소리에 깊은
바다가 서로 부르며 주의
모든 파도와 물결이 나
를 휩쓸었나이다
8 낮에는 여호와께서 그의
인자하심을 베푸시고 밤
에는 그의 찬송이 내게
있어 생명의 하나님께 기
도하리로다
9 내 반석이신 하나님께 말
하기를 어찌하여 나를 잊
으셨나이까 내가 어찌하
여 원수의 압제로 말미
암아 슬프게 다니나이까
하리로다
10 내 뼈를 찌르는 칼같이
내 대적이 나를 비방하여
늘 내게 말하기를 네 하나
님이 어디 있느냐 하도다
11 내 영혼아 네가 어찌하여
낙심하며 어찌하여 내 속
에서 불안해 하는가 너는
하나님께 소망을 두라 나
는 그가 나타나 도우심으
로 말미암아 내 하나님을
여전히 찬송하리로다

43편 42편과 연결되는 시로, 후렴구인 5절이 42편의 후렴구(5절, 11절)와 문자적으로 일치합니다. 하나님이 자신을 원수의 손에서 구원해 주셔서 하나님 앞으로 나아가게 되기를 간절히 기도하고 있습니다.

1 하나님이여 나를 판단하
시되 경건하지 아니한 나

라에 대하여 내 송사를
변호하시며 간사하고 불
의한 자에게서 나를 건
지소서
2 주는 나의 힘이 되신 하
나님이시거늘 어찌하여
나를 버리셨나이까 내가
어찌하여 원수의 억압으
로 말미암아 슬프게 다
니나이까
3 주의 빛과 주의 진리를
보내시어 나를 인도하시
고 주의 거룩한 산과 주
께서 계시는 곳에 이르
게 하소서
4 그런즉 내가 하나님의 제
단에 나아가 나의 큰 기
쁨의 하나님께 이르리이
다 하나님이여 나의 하나
님이여 내가 수금으로 주
를 찬양하리이다
5 내 영혼아 네가 어찌하여
낙심하며 어찌하여 내 속
에서 불안해 하는가 너
는 하나님께 소망을 두라
그가 나타나 도우심으로
말미암아 내 하나님을 여
전히 찬송하리로다

44편 민족의 탄식시로, 전쟁이나 기근처럼 나라가 어려움에 처했을 때 금식하며 기도하는 의식과 관련이 있습니다. 시인은 영광스러웠던 이스라엘의 과거를 돌이켜보며, 부끄러움과 어려움에 처한 현실을 안타까워합니다.

고라 자손의 마스길, 인도자를 따라 부르는 노래

1 하나님이여 주께서 우리

단어

압제(42:9) 권력이나 폭력으로 남을 꼼짝 못 하게 강제로 누름.
낙심하다(42:11) 바라던 일이 이루어지지 않아 맥이 풀리고 마음이 상하다.
송사(43:1) 분쟁이 있어 그에 대한 판결을 구하는 일.
억압(43:2) 인간의 행동이나 자유를 강제로 억누름.

조상들의 날 곧 옛날에
행하신 일을 그들이 우
리에게 일러 주매 우리가
우리 귀로 들었나이다
2 주께서 주의 손으로 뭇
백성을 내쫓으시고 우
리 조상들을 이 땅에 뿌
리 박게 하시며 주께서
다른 민족들은 고달프게
하시고 우리 조상들은
번성하게 하셨나이다
3 그들이 자기 칼로 땅을
얻어 차지함이 아니요 그
들의 팔이 그들을 구원
함도 아니라 오직 주의
오른손과 주의 팔과 주
의 얼굴의 빛으로 하셨
으니 주께서 그들을 기뻐
하신 까닭이니이다
4 하나님이여 주는 나의
왕이시니 야곱에게 구원
을 베푸소서
5 우리가 주를 의지하여 우
리 대적을 누르고 우리를
치러 일어나는 자를 주의
이름으로 밟으리이다
6 나는 내 활을 의지하지 아
니할 것이라 내 칼이 나
를 구원하지 못하리이다
7 오직 주께서 우리를 우
리 원수들에게서 구원하
시고 우리를 미워하는 자
로 수치를 당하게 하셨
나이다
8 우리가 종일 하나님을 자
랑하였나이다 우리는 하
나님의 이름에 영원히 감
사하리이다 (셀라)

9 그러나 이제는 주께서 우
리를 버려 욕을 당하게
하시고 우리 군대와 함께
나아가지 아니하시나이다
10 주께서 우리를 대적들에
게서 돌아서게 하시니 우
리를 미워하는 자가 자
기를 위하여 탈취하였나
이다
11 주께서 우리를 잡아먹힐
양처럼 그들에게 넘겨 주
시고 여러 민족 중에 우
리를 흩으셨나이다
12 주께서 주의 백성을 헐
값으로 파심이여 그들을
판 값으로 이익을 얻지
못하셨나이다
13 주께서 우리로 하여금
이웃에게 욕을 당하게
하시니 그들이 우리를 둘
러싸고 조소하고 조롱하
나이다
14 주께서 우리를 뭇 백성
중에 이야기거리가 되게
하시며 민족 중에서 머
리 흔듦을 당하게 하셨
나이다
15 나의 능욕이 종일 내 앞
에 있으며 수치가 내 얼
굴을 덮었으니
16 나를 비방하고 욕하는
소리 때문이요 나의 원
수와 나의 복수자 때문
이니이다

단어

고달프다(44:2) 처지나 형편이 힘들고 고단하다.
셀라(44:8) 정확한 뜻은 알 수 없지만, '높임', '중지'라는 뜻의 히브리어 '살랄'에서 유래한 것으로 추측되는 음악 용어.
헐값(44:12) 그 물건이 가지고 있는 원래 값어치보다 훨씬 저렴한 값.

17 이 모든 일이 우리에게
임하였으나 우리가 주를
잊지 아니하며 주의 언
약을 어기지 아니하였나
이다
18 우리의 마음은 위축되지
아니하고 우리 걸음도 주
의 길을 떠나지 아니하였
으나
19 주께서 우리를 승냥이의
처소에 밀어 넣으시고 우
리를 사망의 그늘로 덮으
셨나이다
20 우리가 우리 하나님의 이
름을 잊어버렸거나 우리
손을 이방 신에게 향하
여 폈더면
21 하나님이 이를 알아내지
아니하셨으리이까 무릇
주는 마음의 비밀을 아
시나이다
22 우리가 종일 주를 위하
여 죽임을 당하게 되며
도살할 양같이 여김을
받았나이다
23 주여 깨소서 어찌하여
주무시나이까 일어나시
고 우리를 영원히 버리지
마소서
24 어찌하여 주의 얼굴을
가리시고 우리의 고난과
압제를 잊으시나이까
25 우리 영혼은 진토 속에
파묻히고 우리 몸은 땅
에 붙었나이다
26 일어나 우리를 도우소서
주의 인자하심으로 말미
암아 우리를 구원하소서

45편 이스라엘 왕의 결혼식을 축하하기 위해 지은 고라 자손의 시입니다. 앞부분은 왕의 위대함과 영광을, 뒷부분은 왕후의 아름다움을 노래하는 이 시는 왕이신 그리스도와 신부인 교회를 암시하기도 합니다.

고라 자손의 마스길, 사랑의 노래, 인도자를 따라 소산님에 맞춘 것

1 내 마음이 좋은 말로 왕
을 위하여 지은 것을 말
하리니 내 혀는 글솜씨
가 뛰어난 서기관의 붓끝
과 같도다
2 왕은 사람들보다 아름다
워 은혜를 입술에 머금
으니 그러므로 하나님이
왕에게 영원히 복을 주
시도다
3 용사여 칼을 허리에 차
고 왕의 영화와 위엄을
입으소서
4 왕은 진리와 온유와 공
의를 위하여 왕의 위엄
을 세우시고 병거에 오
르소서 왕의 오른손이
왕에게 놀라운 일을 가
르치리이다
5 왕의 화살은 날카로워
왕의 원수의 염통을 뚫
으니 만민이 왕의 앞에
엎드러지는도다
6 하나님이여 주의 보좌는
영원하며 주의 나라의
규는 공평한 규이니이다
7 왕은 정의를 사랑하고
악을 미워하시니 그러므
로 하나님 곧 왕의 하나

단어

위축되다(44:18) 어떤 힘에 눌려서 졸아들고 기를 펴지 못하게 되다.
도살하다(44:22) 짐승을 먹으려고 잡아 죽이다.
진토(44:25) 티끌과 흙을 아울러 이르는 말.
위엄(45:3) 위세가 있어 의젓하고 엄숙한 태도·기세.
염통(45:5) 심장.

님이 즐거움의 기름을 왕
에게 부어 왕의 동료보
다 뛰어나게 하셨나이다
8 왕의 모든 옷은 몰약과
침향과 육계의 향기가
있으며 상아궁에서 나오
는 현악은 왕을 즐겁게
하도다
9 왕이 가까이하는 여인들
중에는 왕들의 딸이 있
으며 왕후는 오빌의 금으
로 꾸미고 왕의 오른쪽
에 서도다
10 딸이여 듣고 보고 귀를
기울일지어다 네 백성과
네 아버지의 집을 잊어버
릴지어다
11 그리하면 왕이 네 아름
다움을 사모하실지라 그
는 네 주인이시니 너는
그를 경배할지어다
12 두로의 딸은 예물을 드리
고 백성 중 부한 자도 네
얼굴 보기를 원하리로다
13 왕의 딸은 궁중에서 모든
영화를 누리니 그의 옷
은 금으로 수 놓았도다
14 수 놓은 옷을 입은 그는
왕께로 인도함을 받으며
시종하는 친구 처녀들
도 왕께로 이끌려 갈 것
이라
15 그들은 기쁨과 즐거움으
로 인도함을 받고 왕궁
에 들어가리로다
16 왕의 아들들은 왕의 조
상들을 계승할 것이라
왕이 그들로 온 세계의

군왕을 삼으리로다
17 내가 왕의 이름을 만세
에 기억하게 하리니 그러
므로 만민이 왕을 영원
히 찬송하리로다

46편

히스기야 왕이 다스릴 당시 유다가 앗시리아의 침략을 받은 사건을 이야기하고 있습니다. 시인은 전쟁의 소용돌이 속에서 적들에게 포위를 당할 때도 하나님이 지켜 주실 것을 확신하고 있습니다.

고라 자손의 시, 인도자를 따라 알라못에 맞춘 노래

1 하나님은 우리의 피난처
시요 힘이시니 환난 중에
만날 큰 도움이시라
2 그러므로 땅이 변하든지
산이 흔들려 바다 가운
데에 빠지든지
3 바닷물이 솟아나고 뛰놀
든지 그것이 넘침으로 산
이 흔들릴지라도 우리는
두려워하지 아니하리로
다 (셀라)
4 한 시내가 있어 나뉘어
흘러 하나님의 성 곧 지
존하신 이의 성소를 기
쁘게 하도다
5 하나님이 그 성 중에 계
시매 성이 흔들리지 아니
할 것이라 새벽에 하나님
이 도우시리로다
6 뭇 나라가 떠들며 왕국
이 흔들렸더니 그가 소리
를 내시매 땅이 녹았도다
7 만군의 여호와께서 우리
와 함께 하시니 야곱의

단어

몰약(45:8) 아라비아, 아프리카 지방에서 자라는 감람과 나무. 즙을 내 향료나 의료품으로 쓴다.
침향(45:8) 향료의 일종으로 침향목에서 뽑아낸 물질. 방부제로도 사용하는 고급 향료에 속한다.
성소(46:4) 제사장이 하나님께 제물을 바치고 의식을 행하던 거룩한 곳.

하나님은 우리의 피난처
시로다 (셀라)
8 와서 여호와의 행적을 볼
지어다 그가 땅을 황무
지로 만드셨도다
9 그가 땅 끝까지 전쟁을
쉬게 하심이여 활을 꺾
고 창을 끊으며 수레를
불사르시는도다
10 이르시기를 너희는 가만
히 있어 내가 하나님 됨
을 알지어다 내가 뭇 나
라 중에서 높임을 받으리
라 내가 세계 중에서 높
임을 받으리라 하시도다
11 만군의 여호와께서 우리
와 함께 하시니 야곱의
하나님은 우리의 피난처
시로다 (셀라)

47편

하나님의 왕권을 찬양하는 내용으로, 매년 첫날 하나님께 예배드릴 때 불렀던 찬송시입니다. 하나님의 백성이 되었음에 감사하고 하나님께 영광을 돌릴 것을 권하고 있습니다.

고라 자손의 시, 인도자를 따라 부르는 노래

1 너희 만민들아 손바닥을
치고 즐거운 소리로 하나
님께 외칠지어다
2 지존하신 여호와는 두려
우시고 온 땅에 큰 왕이
되심이로다
3 여호와께서 만민을 우리
에게, 나라들을 우리 발
아래에 복종하게 하시며
4 우리를 위하여 기업을 택
하시나니 곧 사랑하신
야곱의 영화로다 (셀라)
5 하나님께서 즐거운 함성
중에 올라가심이여 여호
와께서 나팔 소리 중에

올라가시도다
6 찬송하라 하나님을 찬송
하라 찬송하라 우리 왕
을 찬송하라
7 하나님은 온 땅의 왕이심
이라 지혜의 시로 찬송할
지어다
8 하나님이 뭇 백성을 다
스리시며 하나님이 그의
거룩한 보좌에 앉으셨도
다
9 뭇 나라의 고관들이 모
임이여 아브라함의 하나
님의 백성이 되도다 세상
의 모든 방패는 하나님
의 것임이여 그는 높임을
받으시리로다

48편 하나님의 거룩한 성인 '시온 성'을 노래한 시입니다. 하나님이 지키시기에 안전한 성인 시온은 예루살렘 성읍을 가리키지만, 넓은 뜻으로 보면 '하나님이 다스리시는 모든 세계'를 말합니다.

고라 자손의 시 곧 노래

1 여호와는 위대하시니 우
리 하나님의 성, 거룩한
산에서 극진히 찬양 받
으시리로다
2 터가 높고 아름다워 온
세계가 즐거워함이여 큰
왕의 성 곧 북방에 있는
시온 산이 그러하도다
3 하나님이 그 여러 궁중에
서 자기를 요새로 알리셨
도다
4 왕들이 모여서 함께 지나
갔음이여

단어

황무지(46:8) 사람이 손을 대지 않고 그냥 내버려둔 거칠고 쓸모없는 땅.
지존하다(47:2) 더없이 존귀하다.
영화(47:4) 몸이 귀하게 되어 이름이 세상에 드러나고 빛남.
극진하다(48:1) 마음이나 대접이 매우 정성스럽다.

5 그들이 보고 놀라고 두
려워 빨리 지나갔도다
6 거기서 떨림이 그들을 사
로잡으니 고통이 해산하
는 여인의 고통 같도다
7 주께서 동풍으로 다시스
의 배를 깨뜨리시도다
8 우리가 들은 대로 만군
의 여호와의 성, 우리 하
나님의 성에서 보았나니
하나님이 이를 영원히 견
고하게 하시리로다 (셀라)
9 하나님이여 우리가 주의
전 가운데에서 주의 인자
하심을 생각하였나이다
10 하나님이여 주의 이름과
같이 찬송도 땅 끝까지 미
쳤으며 주의 오른손에는
정의가 충만하였나이다
11 주의 심판으로 말미암아
시온 산은 기뻐하고 유
다의 딸들은 즐거워할지
어다
12 너희는 시온을 돌면서 그
곳을 둘러보고 그 망대
들을 세어 보라
13 그의 성벽을 자세히 보
고 그의 궁전을 살펴서
후대에 전하라
14 이 하나님은 영원히 우리
하나님이시니 그가 우리
를 죽을 때까지 인도하시
리로다

49편 자신을 믿으며 재물을 의지하고 사는 어리석은 사람은 죽음의 끝을 보게 되지만, 의인은 하나님이 죽음에서 건져 주신다고 말하고 있습니다. 하나님보다 재물을 더 의지해서는 안 됩니다.

고라 자손의 시, 인도자를 따라 부르는 노래

1 뭇 백성들아 이를 들으

라 세상의 거민들아 모
두 귀를 기울이라
2 귀천 빈부를 막론하고
다 들을지어다
3 내 입은 지혜를 말하겠
고 내 마음은 명철을 작
은 소리로 읊조리리로다
4 내가 비유에 내 귀를 기
울이고 수금으로 나의
오묘한 말을 풀리로다
5 죄악이 나를 따라다니며
나를 에워싸는 환난의 날
을 내가 어찌 두려워하랴
6 자기의 재물을 의지하고
부유함을 자랑하는 자는
7 아무도 자기의 형제를 구
원하지 못하며 그를 위
한 속전을 하나님께 바치
지도 못할 것은
8 그들의 생명을 속량하는
값이 너무 엄청나서 영원
히 마련하지 못할 것임이
니라
9 그가 영원히 살아서 죽
음을 보지 않을 것인가
10 그러나 그는 지혜 있는
자도 죽고 어리석고 무지
한 자도 함께 망하며 그
들의 재물은 남에게 남
겨 두고 떠나는 것을 보
게 되리로다
11 그러나 그들의 속 생각
에 그들의 집은 영원히
있고 그들의 거처는 대대

단어

충만하다(48:10) 어떤 감정이나 기운으로 가득하게 차 있다.
망대(48:12) 주위를 살피기 위해 높이 세워 둔 대.
막론하다(49:2) 가리지 않고 말하다.
읊조리다(49:3) 뜻을 생각하며 감정이나 억양을 넣어 낮은 목소리로 읽거나 외다.

에 이르리라 하여 그들의
토지를 자기 이름으로 부
르도다
12 사람은 존귀하나 장구하
지 못함이여 멸망하는
짐승 같도다
13 이것이 바로 어리석은 자
들의 길이며 그들의 말을
기뻐하는 자들의 종말이
로다 (셀라)
14 그들은 양같이 스올에
두기로 작정되었으니 사
망이 그들의 목자일 것이
라 정직한 자들이 아침
에 그들을 다스리리니 그
들의 아름다움은 소멸하
고 스올이 그들의 거처가
되리라
15 그러나 하나님은 나를 영
접하시리니 이러므로 내
영혼을 스올의 권세에서
건져내시리로다 (셀라)
16 사람이 치부하여 그의 집
의 영광이 더할 때에 너
는 두려워하지 말지어다
17 그가 죽으매 가져가는 것
이 없고 그의 영광이 그
를 따라 내려가지 못함이
로다
18 그가 비록 생시에 자기를
축하하며 스스로 좋게
함으로 사람들에게 칭찬
을 받을지라도
19 그들은 그들의 역대 조
상들에게로 돌아가리니
영원히 빛을 보지 못하
리로다
20 존귀하나 깨닫지 못하는

사람은 멸망하는 짐승
같도다

50편

레위 찬양대의 대장인 아삽이 지은 시입니다. 경배를 받으시기에 합당하신 하나님께 참된 마음으로 예배해야 함을 교훈하고 있습니다. 하나님은 예배자의 정직한 마음과 따뜻한 삶의 모습을 받으십니다.

아삽의 시

1 전능하신 이 여호와 하
나님께서 말씀하사 해
돋는 데서부터 지는 데까
지 세상을 부르셨도다
2 온전히 아름다운 시온에
서 하나님이 빛을 비추셨
도다
3 우리 하나님이 오사 잠
잠하지 아니하시니 그 앞
에는 삼키는 불이 있고
그 사방에는 광풍이 불
리로다
4 하나님이 자기의 백성을
판결하시려고 위 하늘과
아래 땅에 선포하여
5 이르시되 나의 성도들을
내 앞에 모으라 그들은
제사로 나와 언약한 이
들이니라 하시도다
6 하늘이 그의 공의를 선
포하리니 하나님 그는 심
판장이심이로다 (셀라)
7 내 백성아 들을지어다 내
가 말하리라 이스라엘아
내가 네게 증언하리라 나
는 하나님 곧 네 하나님
이로다
8 나는 네 제물 때문에 너

단어

장구하다(49:12) 지나온 시간이 매우 길고 오래다.
종말(49:13) 계속되어 온 일이나 현상의 마지막.
작정되다(49:14) 잘 헤아려져 알맞게 결정되다.
치부하다(49:16) 재물을 모아 부자가 되다.
생시(49:18) 살아 있는 동안.
역대(49:19) 이어 내려온 여러 대.

를 책망하지는 아니하리
니 네 번제가 항상 내 앞
에 있음이로다
9 내가 네 집에서 수소나
네 우리에서 숫염소를 가
져가지 아니하리니
10 이는 삼림의 짐승들과
뭇 산의 가축이 다 내 것
이며
11 산의 모든 새들도 내가
아는 것이며 들의 짐승도
내 것임이로다
12 내가 가령 주려도 네게
이르지 아니할 것은 세
계와 거기에 충만한 것이
내 것임이로다
13 내가 수소의 고기를 먹
으며 염소의 피를 마시겠
느냐
14 감사로 하나님께 제사를
드리며 지존하신 이에게
네 서원을 갚으며
15 환난 날에 나를 부르라
내가 너를 건지리니 네가
나를 영화롭게 하리로다
16 악인에게는 하나님이 이
르시되 네가 어찌하여
내 율례를 전하며 내 언
약을 네 입에 두느냐
17 네가 교훈을 미워하고
내 말을 네 뒤로 던지며
18 도둑을 본즉 그와 연합
하고 간음하는 자들과
동료가 되며
19 네 입을 악에게 내어 주고
네 혀로 거짓을 꾸미며
20 앉아서 네 형제를 공박
하며 네 어머니의 아들

을 비방하는도다
21 네가 이 일을 행하여도
내가 잠잠하였더니 네가
나를 너와 같은 줄로 생
각하였도다 그러나 내가
너를 책망하여 네 죄를
네 눈 앞에 낱낱이 드러
내리라 하시는도다
22 하나님을 잊어버린 너희
여 이제 이를 생각하라
그렇지 아니하면 내가 너
희를 찢으리니 건질 자
없으리라
23 감사로 제사를 드리는 자
가 나를 영화롭게 하나
니 그의 행위를 옳게 하
는 자에게 내가 하나님
의 구원을 보이리라

51편

다윗이 밧세바 사건으로 나단 예언자에게 책망을 받고, 자신의 추악한 죄를 철저히 회개하며 지은 시입니다. 자신의 마음과 영혼을 변화시켜 주시길 간절히 구하며 온전한 제사를 드리겠다고 기도하고 있습니다.

다윗의 시, 인도자를 따라 부르는 노래, 다윗이 밧세바와 동침한 후 선지자 나단이 그에게 왔을 때

1 하나님이여 주의 인자를
따라 내게 은혜를 베푸시
며 주의 많은 긍휼을 따
라 내 죄악을 지워 주소서
2 나의 죄악을 말갛게 씻으
시며 나의 죄를 깨끗이
제하소서
3 무릇 나는 내 죄과를 아
오니 내 죄가 항상 내 앞
에 있나이다

단어

서원(50:14) 하나님께 은혜를 구하고, 그 보답으로 어떤 선행을 하겠다고 한 맹세.
연합하다(50:18) 뭉쳐 하나의 조직체를 이루다.
공박하다(50:20) 남의 잘못을 몹시 따지고 공격하다.
낱낱이(50:21) 하나하나 빠짐없이.
말갛다(51:2) 산뜻하게 맑고 깨끗하다.

4 내가 주께만 범죄하여
주의 목전에 악을 행하
였사오니 주께서 말씀하
실 때에 의로우시다 하고
주께서 심판하실 때에
순전하시다 하리이다
5 내가 죄악 중에서 출생
하였음이여 어머니가 죄
중에서 나를 잉태하였나
이다
6 보소서 주께서는 중심이
진실함을 원하시오니 내
게 지혜를 은밀히 가르치
시리이다
7 우슬초로 나를 정결하게
하소서 내가 정하리이다
나의 죄를 씻어 주소서
내가 눈보다 희리이다
8 내게 즐겁고 기쁜 소리를
들려 주시사 주께서 꺾으
신 뼈들도 즐거워하게 하
소서
9 주의 얼굴을 내 죄에서
돌이키시고 내 모든 죄악
을 지워 주소서
10 하나님이여 내 속에 정한
마음을 창조하시고 내
안에 정직한 영을 새롭
게 하소서
11 나를 주 앞에서 쫓아내
지 마시며 주의 성령을
내게서 거두지 마소서
12 주의 구원의 즐거움을
내게 회복시켜 주시고
자원하는 심령을 주사
나를 붙드소서
13 그리하면 내가 범죄자에
게 주의 도를 가르치리니

죄인들이 주께 돌아오리
이다
14 하나님이여 나의 구원의
하나님이여 피 흘린 죄에
서 나를 건지소서 내 혀
가 주의 의를 높이 노래
하리이다
15 주여 내 입술을 열어 주
소서 내 입이 주를 찬송
하여 전파하리이다
16 주께서는 제사를 기뻐하
지 아니하시나니 그렇지
아니하면 내가 드렸을 것
이라 주는 번제를 기뻐하
지 아니하시나이다
17 하나님께서 구하시는 제
사는 상한 심령이라 하나
님이여 상하고 통회하는
마음을 주께서 멸시하지
아니하시리이다
18 주의 은택으로 시온에
선을 행하시고 예루살렘
성을 쌓으소서
19 그때에 주께서 의로운 제
사와 번제와 온전한 번
제를 기뻐하시리니 그때
에 그들이 수소를 주의
제단에 드리리이다

52편

이 시의 배경은 사울에게 쫓기던 다윗을 도와준 아히멜렉과 그 무리가 도엑의 고발로 죽게 된 사건입니다. 악한 일을 하고 남을 해치는 자에게 임할 하나님의 보응을 선포하며 의인의 길을 갈 것을 다짐합니다.

다윗의 마스길, 인도자를 따라 부르는 노래,
에돔인 도엑이 사울에게 이르러 다윗이
아히멜렉의 집에 왔다고 그에게 말하던 때에

단어

목전(51:4) 눈으로 볼 수 있는 아주 가까운 곳.
순전하다(51:4) 순수하고 완전하다.
우슬초(51:7) 꿀풀과에 속하는 향기로운 식물.
자원하다(51:12) 어떤 일을 자기 스스로 하고자 하여 나서다.
은택(51:18) 은혜와 덕택을 아울러 이르는 말.

1 포악한 자여 네가 어찌
하여 악한 계획을 스스
로 자랑하는가 하나님의
인자하심은 항상 있도다
2 네 혀가 심한 악을 꾀하
여 날카로운 삭도같이 간
사를 행하는도다
3 네가 선보다 악을 사랑
하며 의를 말함보다 거짓
을 사랑하는도다 (셀라)
4 간사한 혀여 너는 남을
해치는 모든 말을 좋아
하는도다
5 그런즉 하나님이 영원히
너를 멸하심이여 너를
붙잡아 네 장막에서 뽑
아 내며 살아 있는 땅에
서 네 뿌리를 빼시리로다
(셀라)
6 의인이 보고 두려워하며
또 그를 비웃어 말하기를
7 이 사람은 하나님을 자기
힘으로 삼지 아니하고 오
직 자기 재물의 풍부함
을 의지하며 자기의 악으
로 스스로 든든하게 하
던 자라 하리로다
8 그러나 나는 하나님의 집
에 있는 푸른 감람나무
같음이여 하나님의 인자
하심을 영원히 의지하리
로다
9 주께서 이를 행하셨으므
로 내가 영원히 주께 감
사하고 주의 이름이 선하
시므로 주의 성도 앞에
서 내가 주의 이름을 사
모하리이다

53편 어리석은 사람은 어디에나 계신 하나님을 알지 못하고, 오히려 하나님이 없다고 잘못된 주장을 합니다. 하나님을 경외하지 않는 사람은 하나님 보시기에 악한 자이며, 그들은 결국 모두 멸망하게 될 것을 경고합니다.

다윗의 마스길, 인도자를 따라 마할랏에 맞춘 노래

1 어리석은 자는 그의 마
음에 이르기를 하나님이
없다 하도다 그들은 부패
하며 가증한 악을 행함
이여 선을 행하는 자가
없도다
2 하나님이 하늘에서 인생
을 굽어살피사 지각이 있
는 자와 하나님을 찾는
자가 있는가 보려 하신즉
3 각기 물러가 함께 더러운
자가 되고 선을 행하는
자 없으니 한 사람도 없
도다
4 죄악을 행하는 자들은
무지하냐 그들이 떡 먹
듯이 내 백성을 먹으면서
하나님을 부르지 아니하
는도다
5 그들이 두려움이 없는
곳에서 크게 두려워하였
으니 너를 대항하여 진
친 그들의 뼈를 하나님이
흩으심이라 하나님이 그
들을 버리셨으므로 네가
그들에게 수치를 당하게
하였도다
6 시온에서 이스라엘을 구
원하여 줄 자 누구인가

단어

삭도(52:2) 승려가 머리털을 깎는 데 쓰는 칼.
간사하다(52:4) 바르지 못하고 간교하다.
부패하다(53:1) 도덕적으로나 정신적으로 타락하다.
가증하다(53:1) 괘씸하고 얄밉다.
굽어살피다(53:2) 내려다보며 자세히 살피다.
떡 먹듯(53:4) 보통 있는 일인 듯이 쉽게.

하나님이 자기 백성의 포
로된 것을 돌이키실 때에
야곱이 즐거워하며 이스
라엘이 기뻐하리로다

54편 십 사람들이 다윗을 배반하고 사울에게 다윗이 숨은 곳을 알려주어 목숨이 위태롭게 되자, 다윗은 하나님께 구원해 달라고 기도합니다. 그는 구원의 확신을 가졌고, 하나님께 미리 감사를 드리며 기뻐합니다.

다윗의 마스길, 인도자를 따라 현악에 맞춘 노래, 십 사람이 사울에게 이르러 말하기를 다윗이 우리가 있는 곳에 숨지 아니하였나 이까 하던 때에

1 하나님이여 주의 이름으
로 나를 구원하시고 주의
힘으로 나를 변호하소서
2 하나님이여 내 기도를 들
으시며 내 입의 말에 귀
를 기울이소서
3 낯선 자들이 일어나 나를
치고 포악한 자들이 나의
생명을 수색하며 하나님
을 자기 앞에 두지 아니
하였음이니이다 (셀라)
4 하나님은 나를 돕는 이
시며 주께서는 내 생명
을 붙들어 주시는 이시니
이다
5 주께서는 내 원수에게 악
으로 갚으시리니 주의 성
실하심으로 그들을 멸하
소서
6 내가 낙헌제로 주께 제
사하리이다 여호와여 주
의 이름에 감사하오리니
주의 이름이 선하심이니
이다
7 참으로 주께서는 모든
환난에서 나를 건지시고
내 원수가 보응 받는 것

을 내 눈이 똑똑히 보게
하셨나이다

55편 다윗은 친구들의 배신과 박해로 어려움에 처했을 때, 하나님께 도움을 구하면서 의로운 심판을 기다립니다. 배신의 아픔도 하나님께 맡긴 그는 원수들이 징계 받을 것과 자신의 구원을 확신하게 됩니다.

다윗의 마스길, 인도자를 따라 현악에 맞춘 노래

1 하나님이여 내 기도에 귀
를 기울이시고 내가 간
구할 때에 숨지 마소서
2 내게 굽히사 응답하소서
내가 근심으로 편하지
못하여 탄식하오니
3 이는 원수의 소리와 악인
의 압제 때문이라 그들이
죄악을 내게 더하며 노하
여 나를 핍박하나이다
4 내 마음이 내 속에서 심
히 아파하며 사망의 위험
이 내게 이르렀도다
5 두려움과 떨림이 내게 이
르고 공포가 나를 덮었
도다
6 나는 말하기를 만일 내
게 비둘기같이 날개가 있
다면 날아가서 편히 쉬리
로다
7 내가 멀리 날아가서 광야
에 머무르리로다 (셀라)
8 내가 나의 피난처로 속히
가서 폭풍과 광풍을 피
하리라 하였도다
9 내가 성내에서 강포와 분
쟁을 보았사오니 주여 그

단어

수색하다(54:3) 사람이 어떤 것을 찾기 위해 뒤져 살펴보다.
낙헌제(54:6) 자발적이고 즐거운 마음으로 하나님께 예물을 드리는 제사.
탄식하다(55:2) 근심, 원망으로 한탄하여 숨을 내쉬다.
강포(55:9) 우악스럽고 사나움.

들을 멸하소서 그들의
혀를 잘라 버리소서
10 그들이 주야로 성벽 위
에 두루 다니니 성 중에
는 죄악과 재난이 있으며
11 악독이 그중에 있고 압
박과 속임수가 그 거리를
떠나지 아니하도다
12 나를 책망하는 자는 원
수가 아니라 원수일진
대 내가 참았으리라 나
를 대하여 자기를 높이
는 자는 나를 미워하는
자가 아니라 미워하는 자
일진대 내가 그를 피하여
숨었으리라
13 그는 곧 너로다 나의 동
료, 나의 친구요 나의 가
까운 친우로다
14 우리가 같이 재미있게 의
논하며 무리와 함께 하
여 하나님의 집 안에서
다녔도다
15 사망이 갑자기 그들에게
임하여 산 채로 스올에
내려갈지어다 이는 악독
이 그들의 거처에 있고 그
들 가운데에 있음이로다
16 나는 하나님께 부르짖으
리니 여호와께서 나를
구원하시리로다
17 저녁과 아침과 정오에 내
가 근심하여 탄식하리니
여호와께서 내 소리를 들
으시리로다
18 나를 대적하는 자 많더
니 나를 치는 전쟁에서
그가 내 생명을 구원하

사 평안하게 하셨도다
19 옛부터 계시는 하나님이
들으시고 그들을 낮추시
리이다 (셀라) 그들은 변
하지 아니하며 하나님을
경외하지 아니함이니이다
20 그는 손을 들어 자기와
화목한 자를 치고 그의
언약을 배반하였도다
21 그의 입은 우유 기름보
다 미끄러우나 그의 마
음은 전쟁이요 그의 말
은 기름보다 유하나 실상
은 뽑힌 칼이로다
22 네 짐을 여호와께 맡기라
그가 너를 붙드시고 의인
의 요동함을 영원히 허락
하지 아니하시리로다
23 하나님이여 주께서 그들
로 파멸의 웅덩이에 빠지
게 하시리이다 피를 흘리
게 하며 속이는 자들은
그들의 날의 반도 살지
못할 것이나 나는 주를
의지하리이다

56편

다윗이 사울을 피해 이스라엘과 전쟁 중인 블레셋에 도망가 있을 때 지은 시입니다. 그 누구도 자신을 해칠 수 없음을 확신한 다윗의 담대한 믿음의 고백이 잘 나타나 있습니다.

다윗의 믹담 시, 인도자를 따라 요낫 엘렘 르호김에 맞춘 노래, 다윗이 가드에서 블레셋인에게 잡힌 때에

1 하나님이여 내게 은혜를
베푸소서 사람이 나를
삼키려고 종일 치며 압제

단어

악독(55:11) 마음이 매우 흉악하고 독살스러움.
책망하다(55:12) 나무라거나 꾸짖으며 못마땅하게 여기다.
스올(55:15) 죽어서 가는 장소. 음부, 무덤, 지옥으로 번역되기도 한다.
유하다(55:21) 부드럽고 순하다.

하나이다
2 내 원수가 종일 나를 삼
키려 하며 나를 교만하게
치는 자들이 많사오니
3 내가 두려워하는 날에는
내가 주를 의지하리이다
4 내가 하나님을 의지하고
그 말씀을 찬송하올지라
내가 하나님을 의지하였
은즉 두려워하지 아니하
리니 혈육을 가진 사람
이 내게 어찌하리이까
5 그들이 종일 내 말을 곡
해하며 나를 치는 그들의
모든 생각은 사악이라
6 그들이 내 생명을 엿보았
던 것과 같이 또 모여 숨
어 내 발자취를 지켜보나
이다

7 그들이 악을 행하고야 안
전하오리이까 하나님이여
분노하사 뭇 백성을 낮추
소서
8 나의 유리함을 주께서
계수하셨사오니 나의 눈
물을 주의 병에 담으소
서 이것이 주의 책에 기
록되지 아니하였나이까
9 내가 아뢰는 날에 내 원
수들이 물러가리니 이것
으로 하나님이 내 편이심
을 내가 아나이다
10 내가 하나님을 의지하여
그의 말씀을 찬송하며
여호와를 의지하여 그의
말씀을 찬송하리이다
11 내가 하나님을 의지하였
은즉 두려워하지 아니하

리니 사람이 내게 어찌
하리이까
12 하나님이여 내가 주께 서
원함이 있사온즉 내가
감사제를 주께 드리리니
13 주께서 내 생명을 사망
에서 건지셨음이라 주께
서 나로 하나님 앞, 생명
의 빛에 다니게 하시려고
실족하지 아니하게 하지
아니하셨나이까

57편 블레셋에서 죽음의 위기를 맞은 다윗이 그곳을 탈출해 아둘람과 엔게디 동굴에 숨어 지내며 지은 찬송시입니다. 다윗이 사람으로 인한 고통을 이기는 방법은 역설적이게도 하나님을 높이고 찬송하는 것이었습니다.

다윗의 믹담 시, 인도자를 따라 알다스헷에 맞춘 노래, 다윗이 사울을 피하여 굴에 있던 때에

1 하나님이여 내게 은혜를
베푸소서 내게 은혜를 베
푸소서 내 영혼이 주께로
피하되 주의 날개 그늘
아래에서 이 재앙들이 지
나기까지 피하리이다
2 내가 지존하신 하나님께
부르짖음이여 곧 나를
위하여 모든 것을 이루
시는 하나님께로다
3 그가 하늘에서 보내사 나
를 삼키려는 자의 비방에
서 나를 구원하실지라 (셀
라) 하나님이 그의 인자
와 진리를 보내시리로다
4 내 영혼이 사자들 가운
데에서 살며 내가 불사르

단어

곡해하다(56:5) 사람이 무엇을 사실과 다르게 잘못 해석하거나 이해하다.
발자취(56:6) 발로 밟은 흔적.
유리하다(56:8) 사람이 일정한 집과 직업이 없이 이곳저곳으로 떠돌아다니다.
계수하다(56:8) 셈하거나 연산하다.

는 자들 중에 누웠으니
곧 사람의 아들들 중에
라 그들의 이는 창과 화
살이요 그들의 혀는 날카
로운 칼 같도다
5 하나님이여 주는 하늘
위에 높이 들리시며 주
의 영광이 온 세계 위에
높아지기를 원하나이다
6 그들이 내 걸음을 막으
려고 그물을 준비하였으
니 내 영혼이 억울하도다
그들이 내 앞에 웅덩이
를 팠으나 자기들이 그중
에 빠졌도다 (셀라)
7 하나님이여 내 마음이
확정되었고 내 마음이 확
정되었사오니 내가 노래
하고 내가 찬송하리이다
8 내 영광아 깰지어다 비
파야, 수금아, 깰지어다
내가 새벽을 깨우리로다
9 주여 내가 만민 중에서 주
께 감사하오며 뭇 나라 중
에서 주를 찬송하리이다
10 무릇 주의 인자는 커서
하늘에 미치고 주의 진
리는 궁창에 이르나이다
11 하나님이여 주는 하늘
위에 높이 들리시며 주
의 영광이 온 세계 위에
높아지기를 원하나이다

58편

악인의 불의한 행동에 대하여 거룩한 분노를 품고, 그들의 멸망을 선포하며 쓴 시입니다. 마침내 악인이 벌을 받고, 의인이 위로받는 미래를 확인하며 오직 하나님을 경외해야 한다는 것을 강조하고 있습니다.

다윗의 믹담 시, 인도자를 따라 알다스헷에 맞춘 노래

1 통치자들아 너희가 정의

를 말해야 하거늘 어찌
잠잠하냐 인자들아 너희
가 올바르게 판결해야 하
거늘 어찌 잠잠하냐
2 아직도 너희가 중심에 악
을 행하며 땅에서 너희
손으로 폭력을 달아 주
는도다
3 악인은 모태에서부터 멀
어졌음이여 나면서부터
곁길로 나아가 거짓을 말
하는도다
4 그들의 독은 뱀의 독 같
으며 그들은 귀를 막은
귀머거리 독사 같으니
5 술사의 홀리는 소리도 듣
지 않고 능숙한 술객의
요술도 따르지 아니하는
독사로다
6 하나님이여 그들의 입에
서 이를 꺾으소서 여호
와여 젊은 사자의 어금니
를 꺾어 내시며
7 그들이 급히 흐르는 물
같이 사라지게 하시며 겨
누는 화살이 꺾임 같게
하시며
8 소멸하여 가는 달팽이
같게 하시며 만삭 되지
못하여 출생한 아이가
햇빛을 보지 못함 같게
하소서
9 가시나무 불이 가마를
뜨겁게 하기 전에 생나무

단어

뭇(57:9) 하나가 아닌 여러.
궁창(57:10) 맑고 푸른 하늘. 유대인들이 구분하는 세계의 하나(창 1:6-8).
곁길(58:3) 큰길에서 곁으로 갈라져 난 길.
술객(58:5) 음양, 점술 등에 능통한 사람.
만삭(58:8) 아이 낳을 달이 다 참.

듣지 불 붙는 나무든지
강한 바람으로 휩쓸려가
게 하소서
10 의인이 악인의 보복 당함
을 보고 기뻐함이여 그
의 발을 악인의 피에 씻
으리로다
11 그때에 사람의 말이 진실
로 의인에게 갚음이 있고
진실로 땅에서 심판하시
는 하나님이 계시다 하리
로다

59편 사울이 사람을 보내어 다윗을 죽이려고 할 때, 다윗은 하나님이 어떤 분이신지 고백하며, 하나님께 구원을 요청하며 기도했습니다. 하나님의 구원을 기다리며 기쁜 찬송으로 하나님께 영광을 돌렸습니다.

다윗의 믹담 시, 인도자를 따라 알다스헷에 맞춘 노래, 사울이 사람을 보내어 다윗을 죽이려고 그 집을 지킨 때에

1 나의 하나님이여 나의 원
수에게서 나를 건지시고
일어나 치려는 자에게서
나를 높이 드소서
2 악을 행하는 자에게서
나를 건지시고 피 흘리기
를 즐기는 자에게서 나
를 구원하소서
3 그들이 나의 생명을 해
하려고 엎드려 기다리고
강한 자들이 모여 나를
치려 하오니 여호와여 이
는 나의 잘못으로 말미
암음이 아니요 나의 죄
로 말미암음도 아니로소
이다
4 내가 허물이 없으나 그들
이 달려와서 스스로 준
비하오니 주여 나를 도우
시기 위하여 깨어 살펴

주소서
5 주님은 만군의 하나님 여
호와, 이스라엘의 하나
님이시오니 일어나 모든
나라들을 벌하소서 악
을 행하는 모든 자들에
게 은혜를 베풀지 마소
서 (셀라)
6 그들이 저물어 돌아와서
개처럼 울며 성으로 두
루 다니고
7 그들의 입으로는 악을 토
하며 그들의 입술에는
칼이 있어 이르기를 누
가 들으리요 하나이다
8 여호와여 주께서 그들을
비웃으시며 모든 나라들
을 조롱하시리이다
9 하나님은 나의 요새이시
니 그의 힘으로 말미암
아 내가 주를 바라리이다
10 나의 하나님이 그의 인자
하심으로 나를 영접하시
며 하나님이 나의 원수가
보응 받는 것을 내가 보
게 하시리이다
11 그들을 죽이지 마옵소서
나의 백성이 잊을까 하나
이다 우리 방패 되신 주
여 주의 능력으로 그들
을 흩으시고 낮추소서
12 그들의 입술의 말은 곧
그들의 입의 죄라 그들이
말하는 저주와 거짓말로

단어

셀라(59:5) 정확한 뜻은 알 수 없지만, '높임', '중지'라는 뜻의 히브리어 '살랄'에서 유래한 것으로 추측되는 음악 용어.

조롱하다(59:8) 비웃거나 얕보고 놀리다.

보응(59:10) 그 원인과 결과에 따라 은혜와 원한을 자기가 입었던 것만큼 갚음.

말미암아 그들이 그 교
만한 중에서 사로잡히게
하소서
13 진노하심으로 소멸하시
되 없어지기까지 소멸하
사 하나님이 야곱 중에
서 다스리심을 땅 끝까지
알게 하소서 (셀라)
14 그들에게 저물어 돌아와
서 개처럼 울며 성으로
두루 다니게 하소서
15 그들은 먹을 것을 찾아
유리하다가 배부름을 얻
지 못하면 밤을 새우려
니와
16 나는 주의 힘을 노래하
며 아침에 주의 인자하
심을 높이 부르오리니
주는 나의 요새이시며 나
의 환난 날에 피난처심이
니이다
17 나의 힘이시여 내가 주
께 찬송하오리니 하나님
은 나의 요새이시며 나
를 긍휼히 여기시는 하나
님이심이니이다

60편 이스라엘이 에돔과의 싸움에서 졌다는 소식을 들었을 때 드린 다윗의 기도입니다. 패배한 이유가 하나님이 분노하여 자신을 버리셨기 때문이라고 생각하지만 다시 승리하게 해주실 하나님을 믿고 찬양을 드렸습니다.

다윗이 교훈하기 위하여 지은 믹담,
인도자를 따라 수산에둣에 맞춘 노래,
다윗이 아람 나하라임과 아람소바와
싸우는 중에 요압이 돌아와 에돔을 소금
골짜기에서 쳐서 만 이천 명을 죽인 때에

1 하나님이여 주께서 우리
를 버려 흩으셨고 분노하
셨사오나 지금은 우리를
회복시키소서

2 주께서 땅을 진동시키사
갈라지게 하셨사오니 그
틈을 기우소서 땅이 흔
들림이니이다
3 주께서 주의 백성에게 어
려움을 보이시고 비틀거
리게 하는 포도주를 우리
에게 마시게 하셨나이다
4 주를 경외하는 자에게
깃발을 주시고 진리를 위
하여 달게 하셨나이다
(셀라)
5 주께서 사랑하시는 자를
건지시기 위하여 주의 오
른손으로 구원하시고 응
답하소서
6 하나님이 그의 거룩하심
으로 말씀하시되 내가
뛰놀리라 내가 세겜을
나누며 숙곳 골짜기를
측량하리라
7 길르앗이 내 것이요 므낫
세도 내 것이며 에브라임
은 내 머리의 투구요 유
다는 나의 규이며
8 모압은 나의 목욕통이라
에돔에는 나의 신발을 던
지리라 블레셋아 나로 말
미암아 외치라 하셨도다
9 누가 나를 이끌어 견고
한 성에 들이며 누가 나
를 에돔에 인도할까
10 하나님이여 주께서 우리
를 버리지 아니하셨나이

단어

진노하다(59:13) 존엄한 존재가 크게 노하다.
유리하다(59:15) 일정한 집과 직업이 없이 이곳저곳으로 떠돌아다니다.
깁다(60:2) 찢어진 곳을 꿰매다.
측량하다(60:6) 길이, 넓이, 거리, 높이, 깊이 따위를 재어 헤아리다.

까 하나님이여 주께서 우
리 군대와 함께 나아가
지 아니하시나이다
11 우리를 도와 대적을 치
게 하소서 사람의 구원
은 헛됨이니이다
12 우리가 하나님을 의지하
고 용감하게 행하리니
그는 우리의 대적을 밟으
실 이심이로다

61편

아들 압살롬의 반역으로 예루살렘을 떠난 다윗이 위기 속에서도 하나님을 절대적으로 의지하며 고백하는 시입니다. 하나님이 자신을 이스라엘의 왕으로 세우시고 지켜 주실 것을 믿고 찬양하고 있습니다.

다윗의 시, 인도자를 따라 현악에 맞춘 노래

1 하나님이여 나의 부르짖
음을 들으시며 내 기도
에 유의하소서
2 내 마음이 약해 질 때에
땅 끝에서부터 주께 부르
짖으오리니 나보다 높은
바위에 나를 인도하소서
3 주는 나의 피난처시요
원수를 피하는 견고한
망대이심이니이다
4 내가 영원히 주의 장막
에 머물며 내가 주의 날
개 아래로 피하리이다
(셀라)
5 주 하나님이여 주께서 나
의 서원을 들으시고 주
의 이름을 경외하는 자
가 얻을 기업을 내게 주
셨나이다
6 주께서 왕에게 장수하게
하사 그의 나이가 여러
대에 미치게 하시리이다
7 그가 영원히 하나님 앞
에서 거주하리니 인자와

진리를 예비하사 그를 보
호하소서
8 그리하시면 내가 주의 이
름을 영원히 찬양하며
매일 나의 서원을 이행하
리이다

62편

압살롬의 반역을 겪으면서도 다윗은 하나님만을 절대적으로 신뢰했습니다. 그리고 하나님의 구원을 바라는 백성들에게도 하나님만을 의지하는 신앙을 가지도록 교훈합니다.

다윗의 시, 인도자를 따라 여두둔의 법칙에 따라 부르는 노래

1 나의 영혼이 잠잠히 하나
님만 바람이여 나의 구원
이 그에게서 나오는도다
2 오직 그만이 나의 반석
이시요 나의 구원이시요
나의 요새이시니 내가
크게 흔들리지 아니하리
로다
3 넘어지는 담과 흔들리는
울타리같이 사람을 죽이
려고 너희가 일제히 공
격하기를 언제까지 하려
느냐
4 그들이 그를 그의 높은
자리에서 떨어뜨리기만
꾀하고 거짓을 즐겨 하니
입으로는 축복이요 속으
로는 저주로다 (셀라)
5 나의 영혼아 잠잠히 하나
님만 바라라 무릇 나의
소망이 그로부터 나오는
도다
6 오직 그만이 나의 반석이

단어

유의하다(61:1) 무엇에 마음을 두다.
망대(61:3) 주위를 살피기 위해 높이 세워 둔 대.
이행하다(61:8) 약속이나 의무를 정한 대로 실제로 행하다.
반석(62:2) 어떠한 것을 지탱해 주는 견고하고 든든한 기반을 비유적으로 이르는 말.

시요 나의 구원이시요 나
의 요새이시니 내가 흔들
리지 아니하리로다
7 나의 구원과 영광이 하
나님께 있음이여 내 힘의
반석과 피난처도 하나님
께 있도다
8 백성들아 시시로 그를 의
지하고 그의 앞에 마음
을 토하라 하나님은 우리
의 피난처시로다 (셀라)
9 아, 슬프도다 사람은 입
김이며 인생도 속임수이
니 저울에 달면 그들은
입김보다 가벼우리로다
10 포악을 의지하지 말며 탈
취한 것으로 허망하여지
지 말며 재물이 늘어도
거기에 마음을 두지 말지
어다
11 하나님이 한두 번 하신
말씀을 내가 들었나니
권능은 하나님께 속하였
다 하셨도다
12 주여 인자함은 주께 속
하오니 주께서 각 사람
이 행한 대로 갚으심이니
이다

63편

압살롬을 피해 유다 광야에 있던 다윗은 비록 도망가 있지만 자신이 얼마나 하나님을 예배하길 갈망하는지 고백합니다. 고난 가운데서도 하나님만을 바라며 하나님이 자신을 구원해 주실 것을 믿고 기다립니다.

다윗의 시, 유다 광야에 있을 때에

1 하나님이여 주는 나의 하
나님이시라 내가 간절히
주를 찾되 물이 없어 마
르고 황폐한 땅에서 내
영혼이 주를 갈망하며
내 육체가 주를 앙모하나

이다
2 내가 주의 권능과 영광
을 보기 위하여 이와 같
이 성소에서 주를 바라보
았나이다
3 주의 인자하심이 생명보
다 나으므로 내 입술이
주를 찬양할 것이라
4 이러므로 나의 평생에
주를 송축하며 주의 이
름으로 말미암아 나의
손을 들리이다
5 골수와 기름진 것을 먹
음과 같이 나의 영혼이
만족할 것이라 나의 입이
기쁜 입술로 주를 찬송
하되

6 내가 나의 침상에서 주
를 기억하며 새벽에 주의
말씀을 작은 소리로 읊
조릴 때에 하오리니
7 주는 나의 도움이 되셨
음이라 내가 주의 날개
그늘에서 즐겁게 부르리
이다
8 나의 영혼이 주를 가까
이 따르니 주의 오른손
이 나를 붙드시거니와
9 나의 영혼을 찾아 멸하
려 하는 그들은 땅 깊은
곳에 들어가며
10 칼의 세력에 넘겨져 승냥
이의 먹이가 되리이다
11 왕은 하나님을 즐거워하

단어

탈취하다(62:10) 강제로 빼앗아 가지다.
허망하다(62:10) 기대와 달리 보람이 없고 허무하다.
황폐하다(63:1) 거칠어져 못 쓰게 되다.
앙모하다(63:1) 우러러 사모하다.
읊조리다(63:6) 뜻을 생각하며 감정이나 억양을 넣어 낮은 목소리로 읽거나 외다.

리니 주께 맹세한 자마다
자랑할 것이나 거짓말하
는 자의 입은 막히리로다

64편 다윗은 악인의 핍박으로 인해 의인이 겪는 고난 때문에 고민하며 하나님의 도우심을 간구합니다. 그리고 악인에게 하나님의 공의로운 심판이 기다리고 있음을 강한 믿음으로 선포합니다.

다윗의 시, 인도자를 따라 부르는 노래

1 하나님이여 내가 근심하
는 소리를 들으시고 원수
의 두려움에서 나의 생명
을 보존하소서
2 주는 악을 꾀하는 자들
의 음모에서 나를 숨겨
주시고 악을 행하는 자
들의 소동에서 나를 감
추어 주소서
3 그들이 칼같이 자기 혀
를 연마하며 화살같이
독한 말로 겨누고
4 숨은 곳에서 온전한 자
를 쏘며 갑자기 쏘고 두
려워하지 아니하는도다
5 그들은 악한 목적으로
서로 격려하며 남몰래
올무 놓기를 함께 의논하
고 하는 말이 누가 우리
를 보리요 하며
6 그들은 죄악을 꾸미며 이
르기를 우리가 묘책을 찾
았다 하나니 각 사람의
속 뜻과 마음이 깊도다
7 그러나 하나님이 그들을
쏘시리니 그들이 갑자기
화살에 상하리로다
8 이러므로 그들이 엎드러
지리니 그들의 혀가 그들
을 해함이라 그들을 보
는 자가 다 머리를 흔들

리로다
9 모든 사람이 두려워하여
하나님의 일을 선포하며
그의 행하심을 깊이 생
각하리로다
10 의인은 여호와로 말미암
아 즐거워하며 그에게 피
하리니 마음이 정직한
자는 다 자랑하리로다

65편

다윗은 자기 백성과 교제하기를 기뻐하시고 친히 온 세상을 다스리시며 우리가 행복하기를 원하시는 하나님을 찬양했습니다. 그분의 백성에게 필요에 따라 모든 것을 공급하시는 은혜에 감사하고 있습니다.

다윗의 시, 인도자를 따라 부르는 노래

1 하나님이여 찬송이 시온
에서 주를 기다리오며
사람이 서원을 주께 이
행하리이다
2 기도를 들으시는 주여 모
든 육체가 주께 나아오리
이다
3 죄악이 나를 이겼사오니
우리의 허물을 주께서
사하시리이다
4 주께서 택하시고 가까이
오게 하사 주의 뜰에 살
게 하신 사람은 복이 있
나이다 우리가 주의 집
곧 주의 성전의 아름다
움으로 만족하리이다
5 우리 구원의 하나님이시
여 땅의 모든 끝과 먼 바
다에 있는 자가 의지할
주께서 의를 따라 엄위
하신 일로 우리에게 응

단어

음모(64:2) 남모르게 나쁜 일을 꾸밈.
소동(64:2) 분위기를 떠들썩하게 하는 사건.
올무(64:5) 올가미나 덫 같은 사냥 기구. 여기서는 사람을 얽어매기 위해 꾸민 잔꾀를 말한다.
서원(65:1) 하나님께 은혜를 구하고, 그 보답으로 어떤 선행을 하겠다고 한 맹세.

답하시리이다
6 주는 주의 힘으로 산을
세우시며 권능으로 띠를
띠시며
7 바다의 설렘과 물결의 흔
들림과 만민의 소요까지
진정하시나이다
8 땅 끝에 사는 자가 주의
징조를 두려워하나이다
주께서 아침 되는 것과
저녁 되는 것을 즐거워하
게 하시며
9 땅을 돌보사 물을 대어
심히 윤택하게 하시며 하
나님의 강에 물이 가득
하게 하시고 이같이 땅
을 예비하신 후에 그들에
게 곡식을 주시나이다
10 주께서 밭고랑에 물을
넉넉히 대사 그 이랑을
평평하게 하시며 또 단비
로 부드럽게 하시고 그
싹에 복을 주시나이다
11 주의 은택으로 한 해를
관 씌우시니 주의 길에
는 기름 방울이 떨어지며
12 들의 초장에도 떨어지니
작은 산들이 기쁨으로
띠를 띠었나이다
13 초장은 양 떼로 옷 입었
고 골짜기는 곡식으로 덮
였으매 그들이 다 즐거이
외치고 또 노래하나이다

66편

저자를 알 수는 없지만, 하나님의 구원 역사를 찬양하기 위한 시입니다. 1-12절은 찬양의 주체가 '우리'로 쓰여 공동체가 함께 하나님을 찬양하고 13-20절은 '내'가 주체가 되어 하나님을 찬양하고 있습니다.

시, 인도자를 따라 부르는 노래

1 온 땅이여 하나님께 즐거

운 소리를 낼지어다
2 그의 이름의 영광을 찬
양하고 영화롭게 찬송할
지어다
3 하나님께 아뢰기를 주의
일이 어찌 그리 엄위하신
지요 주의 큰 권능으로
말미암아 주의 원수가
주께 복종할 것이며
4 온 땅이 주께 경배하고
주를 노래하며 주의 이
름을 노래하리이다 할지
어다 (셀라)
5 와서 하나님께서 행하신
것을 보라 사람의 아들
들에게 행하심이 엄위하
시도다
6 하나님이 바다를 변하여
육지가 되게 하셨으므로
무리가 걸어서 강을 건너
고 우리가 거기서 주로
말미암아 기뻐하였도다
7 그가 그의 능력으로 영
원히 다스리시며 그의 눈
으로 나라들을 살피시나
니 거역하는 자들은 교
만하지 말지어다 (셀라)
8 만민들아 우리 하나님을
송축하며 그의 찬양 소
리를 들리게 할지어다
9 그는 우리 영혼을 살려
두시고 우리의 실족함을
허락하지 아니하시는 주
시로다

단어

소요(65:7) 많은 사람이 떠들썩하게 들고일어나 술렁거림.
윤택하다(65:9) 눈에 들어오는 맵시나 빛깔이 부드럽고 번지르르하다.
밭고랑(65:10) 밭이랑 사이의 홈이 진 곳.
은택(65:11) 은혜와 덕택을 아울러 이르는 말.

10 하나님이여 주께서 우리
를 시험하시되 우리를 단
련하시기를 은을 단련함
같이 하셨으며
11 우리를 끌어 그물에 걸
리게 하시며 어려운 짐
을 우리 허리에 매어 두
셨으며
12 사람들이 우리 머리를 타
고 가게 하셨나이다 우리
가 불과 물을 통과하였
더니 주께서 우리를 끌어
내사 풍부한 곳에 들이
셨나이다
13 내가 번제물을 가지고
주의 집에 들어가서 나의
서원을 주께 갚으리니
14 이는 내 입술이 낸 것이
요 내 환난 때에 내 입이
말한 것이니이다
15 내가 숫양의 향기와 함
께 살진 것으로 주께 번
제를 드리며 수소와 염
소를 드리리이다 (셀라)
16 하나님을 두려워하는 너
희들아 다 와서 들으라
하나님이 나의 영혼을 위
하여 행하신 일을 내가
선포하리로다
17 내가 나의 입으로 그에게
부르짖으며 나의 혀로 높
이 찬송하였도다
18 내가 나의 마음에 죄악
을 품었더라면 주께서 듣
지 아니하시리라
19 그러나 하나님이 실로 들
으셨음이여 내 기도 소리
에 귀를 기울이셨도다

20 하나님을 찬송하리로다
그가 내 기도를 물리치
지 아니하시고 그의 인자
하심을 내게서 거두지도
아니하셨도다

67편

이스라엘의 장막절에 주로 낭송된 시로, 저자와 그 저작 동기는 알 수 없지만, 모든 나라와 온 땅이 하나님의 구원을 경험하고 하나님께 찬양으로 나오길 간구하는 내용입니다.

시 곧 노래, 인도자를 따라 현악에 맞춘 것

1 하나님은 우리에게 은혜
를 베푸사 복을 주시고
그의 얼굴 빛을 우리에게
비추사 (셀라)
2 주의 도를 땅 위에, 주의
구원을 모든 나라에게
알리소서
3 하나님이여 민족들이 주
를 찬송하게 하시며 모든
민족들이 주를 찬송하게
하소서
4 온 백성은 기쁘고 즐겁
게 노래할지니 주는 민
족들을 공평히 심판하
시며 땅 위의 나라들을
다스리실 것임이니이다
(셀라)
5 하나님이여 민족들이 주
를 찬송하게 하시며 모든
민족으로 주를 찬송하게
하소서
6 땅이 그의 소산을 내어
주었으니 하나님 곧 우리
하나님이 우리에게 복을
주시리로다

단어

셀라(66:15) 정확한 뜻은 알 수 없지만, '높임', '중지'라는 뜻의 히브리어 '살랄'에서 유래한 것으로 추측되는 음악 용어.

실로(66:19) 사실 그대로 아주.

소산(67:6) 어떤 사건이나 물질적, 정신적 활동의 결과로 생겨나는 바.

7 하나님이 우리에게 복을
주시리니 땅의 모든 끝이
하나님을 경외하리로다

68편 다윗의 시로, 출애굽부터 가나안 정착 때까지 이스라엘의 과거 역사와 현재의 축복들, 그리고 미래의 영광을 노래하는 역사시입니다. 이스라엘을 모든 원수의 손에서 구원하시는 하나님을 찬양하고 있습니다.

다윗의 시, 인도자를 따라 부르는 노래

1 하나님이 일어나시니 원
수들은 흩어지며 주를
미워하는 자들은 주 앞
에서 도망하리이다
2 연기가 불려 가듯이 그
들을 몰아내소서 불 앞
에서 밀이 녹음같이 악
인이 하나님 앞에서 망하
게 하소서
3 의인은 기뻐하여 하나님
앞에서 뛰놀며 기뻐하고
즐거워할지어다
4 하나님께 노래하며 그의
이름을 찬양하라 하늘
을 타고 광야에 행하시
던 이를 위하여 대로를
수축하라 그의 이름은
여호와이시니 그의 앞에
서 뛰놀지어다
5 그의 거룩한 처소에 계
신 하나님은 고아의 아버
지시며 과부의 재판장이
시라
6 하나님이 고독한 자들은
가족과 함께 살게 하시
며 갇힌 자들은 이끌어
내사 형통하게 하시느니
라 오직 거역하는 자들
의 거처는 메마른 땅이
로다
7 하나님이여 주의 백성

앞에서 앞서 나가사 광
야에서 행진하셨을 때에
(셀라)
8 땅이 진동하며 하늘이
하나님 앞에서 떨어지며
저 시내 산도 하나님 곧
이스라엘의 하나님 앞에
서 진동하였나이다
9 하나님이여 주께서 흡족
한 비를 보내사 주의 기
업이 곤핍할 때에 주께서
그것을 견고하게 하셨고
10 주의 회중을 그 가운데
에 살게 하셨나이다 하
나님이여 주께서 가난한
자를 위하여 주의 은택
을 준비하셨나이다
11 주께서 말씀을 주시니
소식을 공포하는 여자들
은 큰 무리라
12 여러 군대의 왕들이 도
망하고 도망하니 집에 있
던 여자들도 탈취물을
나누도다
13 너희가 양 우리에 누울
때에는 그 날개를 은으
로 입히고 그 깃을 황금
으로 입힌 비둘기 같도다
14 전능하신 이가 왕들을 그
중에서 흩으실 때에는 살
몬에 눈이 날림 같도다
15 바산의 산은 하나님의
산임이여 바산의 산은
높은 산이로다

단어

수축하다(68:4) 건축물을 고쳐 짓거나 쌓다.
형통하다(68:6) 모든 일이 뜻대로 잘되어 가다.
흡족하다(68:9) 조금도 모자람이 없이 넉넉하여 만족함을 느끼는 상태에 있다.
곤핍하다(68:9) 아무 일도 할 수 없을 만큼 몹시 지쳐서 힘이 없다.

16 너희 높은 산들아 어찌
하여 하나님이 계시려 하
는 산을 시기하여 보느냐
진실로 여호와께서 이 산
에 영원히 계시리로다
17 하나님의 병거는 천천이
요 만만이라 주께서 그
중에 계심이 시내 산 성
소에 계심 같도다
18 주께서 높은 곳으로 오
르시며 사로잡은 자들을
취하시고 선물들을 사람
들에게서 받으시며 반역
자들로부터도 받으시니
여호와 하나님이 그들과
함께 계시기 때문이로다
19 날마다 우리 짐을 지시
는 주 곧 우리의 구원이
신 하나님을 찬송할지로
다 (셀라)
20 하나님은 우리에게 구원
의 하나님이시라 사망에
서 벗어남은 주 여호와로
말미암거니와
21 그의 원수들의 머리 곧
죄를 짓고 다니는 자의
정수리는 하나님이 쳐서
깨뜨리시리로다
22 주께서 말씀하시기를 내
가 그들을 바산에서 돌
아오게 하며 바다 깊은
곳에서 도로 나오게 하고
23 네가 그들을 심히 치고
그들의 피에 네 발을 잠
그게 하며 네 집의 개의
혀로 네 원수들에게서
제 분깃을 얻게 하리라
하시도다

24 하나님이여 그들이 주께
서 행차하심을 보았으니
곧 나의 하나님, 나의 왕
이 성소로 행차하시는 것
이라
25 소고 치는 처녀들 중에
서 노래 부르는 자들은
앞서고 악기를 연주하는
자들은 뒤따르나이다
26 이스라엘의 근원에서 나
온 너희여 대회 중에 하
나님 곧 주를 송축할지
어다
27 거기에는 그들을 주관하
는 작은 베냐민과 유다
의 고관과 그들의 무리와
스불론의 고관과 납달리
의 고관이 있도다
28 네 하나님이 너의 힘을
명령하셨도다 하나님이여
우리를 위하여 행하신 것
을 견고하게 하소서
29 예루살렘에 있는 주의
전을 위하여 왕들이 주
께 예물을 드리리이다
30 갈밭의 들짐승과 수소의
무리와 만민의 송아지를
꾸짖으시고 은 조각을
발 아래에 밟으소서 그
가 전쟁을 즐기는 백성을
흩으셨도다
31 고관들은 애굽에서 나
오고 구스인은 하나님을
향하여 그 손을 신속히

단어

정수리(68:21) 이방 사람들은 죽기까지 싸울 것을 신에게 맹세하는 표시로 머리를 길렀다. 정수리를 친다는 말은 그들의 결의와 이방 신의 뜻을 깨뜨린다는 의미이다.

행차하다(68:24) 나이나 지위, 신분 따위가 높은 사람이 길을 가다.

들리로다
32 땅의 왕국들아 하나님께
노래하고 주께 찬송할지
어다 (셀라)
33 옛적 하늘들의 하늘을
타신 자에게 찬송하라
주께서 그 소리를 내시니
웅장한 소리로다
34 너희는 하나님께 능력을
돌릴지어다 그의 위엄이
이스라엘 위에 있고 그
의 능력이 구름 속에 있
도다
35 하나님이여 위엄을 성소
에서 나타내시나이다 이
스라엘의 하나님은 그의
백성에게 힘과 능력을 주
시나니 하나님을 찬송할
지어다

69편 다윗은 아들인 압살롬과 믿었던 신하에게 배반을 당했습니다. 69편은 다윗이 하나님께서 자신을 불쌍히 여기시고 구원해 주시기를 바라면서 안타까운 마음으로 쓴 시입니다.

다윗의 시, 인도자를 따라 소산님에 맞춘 노래

1 하나님이여 나를 구원하
소서 물들이 내 영혼에
까지 흘러 들어왔나이다
2 나는 설 곳이 없는 깊은
수렁에 빠지며 깊은 물에
들어가니 큰 물이 내게
넘치나이다
3 내가 부르짖음으로 피곤
하여 나의 목이 마르며
나의 하나님을 바라서 나
의 눈이 쇠하였나이다
4 까닭 없이 나를 미워하
는 자가 나의 머리털보다
많고 부당하게 나의 원수

가 되어 나를 끊으려 하
는 자가 강하였으니 내가
빼앗지 아니한 것도 물어
주게 되었나이다
5 하나님이여 주는 나의 우
매함을 아시오니 나의 죄
가 주 앞에서 숨김이 없
나이다
6 주 만군의 여호와여 주
를 바라는 자들이 나를
인하여 수치를 당하게 하
지 마옵소서 이스라엘의
하나님이여 주를 찾는 자
가 나로 말미암아 욕을
당하게 하지 마옵소서
7 내가 주를 위하여 비방
을 받았사오니 수치가 나
의 얼굴에 덮였나이다
8 내가 나의 형제에게는 객
이 되고 나의 어머니의
자녀에게는 낯선 사람이
되었나이다
9 주의 집을 위하는 열성
이 나를 삼키고 주를 비
방하는 비방이 내게 미
쳤나이다
10 내가 곡하고 금식하였더
니 그것이 도리어 나의
욕이 되었으며
11 내가 굵은 베로 내 옷을
삼았더니 내가 그들의 말
거리가 되었나이다
12 성문에 앉은 자가 나를
비난하며 독주에 취한

단어

성소(68:35) 제사장이 하나님께 제물을 바치고 의식을 행하던 거룩한 곳.
수렁(69:2) 헤어나기 힘든 불행, 곤욕을 비유하는 말.
성문(69:12) 성읍으로 드나드는 문. 이스라엘의 성문은 모임이나 거래 장소, 법적인 판결을 내리거나 발표하는 장소로 사용되기도 했다.

무리가 나를 두고 노래하
나이다
13 여호와여 나를 반기시는
때에 내가 주께 기도하오
니 하나님이여 많은 인자
와 구원의 진리로 내게
응답하소서
14 나를 수렁에서 건지사 빠
지지 말게 하시고 나를
미워하는 자에게서와 깊
은 물에서 건지소서
15 큰 물이 나를 휩쓸거나
깊음이 나를 삼키지 못
하게 하시며 웅덩이가 내
위에 덮쳐 그것의 입을
닫지 못하게 하소서
16 여호와여 주의 인자하심
이 선하시오니 내게 응답
하시며 주의 많은 긍휼
에 따라 내게로 돌이키
소서
17 주의 얼굴을 주의 종에
게서 숨기지 마소서 내가
환난 중에 있사오니 속히
내게 응답하소서
18 내 영혼에게 가까이하사
구원하시며 내 원수로 말
미암아 나를 속량하소서
19 주께서 나의 비방과 수
치와 능욕을 아시나이다
나의 대적자들이 다 주
님 앞에 있나이다
20 비방이 나의 마음을 상
하게 하여 근심이 충만
하니 불쌍히 여길 자를
바라나 없고 긍휼히 여
길 자를 바라나 찾지 못
하였나이다

21 그들이 쓸개를 나의 음
식물로 주며 목마를 때
에는 초를 마시게 하였사
오니
22 그들의 밥상이 올무가 되
게 하시며 그들의 평안이
덫이 되게 하소서
23 그들의 눈이 어두워 보
지 못하게 하시며 그들
의 허리가 항상 떨리게
하소서
24 주의 분노를 그들의 위에
부으시며 주의 맹렬하신
노가 그들에게 미치게
하소서
25 그들의 거처가 황폐하게
하시며 그들의 장막에
사는 자가 없게 하소서
26 무릇 그들이 주께서 치
신 자를 핍박하며 주께
서 상하게 하신 자의 슬
픔을 말하였사오니
27 그들의 죄악에 죄악을 더
하사 주의 공의에 들어
오지 못하게 하소서
28 그들을 생명책에서 지우
사 의인들과 함께 기록되
지 말게 하소서
29 오직 나는 가난하고 슬
프오니 하나님이여 주의
구원으로 나를 높이소서
30 내가 노래로 하나님의 이
름을 찬송하며 감사함으
로 하나님을 위대하시다

단어

긍휼(69:16) 불쌍하게 가엾게 여겨서 도와줌.
능욕(69:19) 업신여겨 욕되게 함.
맹렬하다(69:24) 기운이나 기세가 몹시 사납고 세차다.
생명책(69:28) 유대인들은 하나님의 사랑을 받는 백성들의 이름이 기록된 생명책이 있고, 죄를 지으면 이 책에서 이름이 지워 진다고 생각했다.

하리니
31 이것이 소 곧 뿔과 굽이
있는 황소를 드림보다 여
호와를 더욱 기쁘시게
함이 될 것이라
32 곤고한 자가 이를 보고
기뻐하나니 하나님을 찾
는 너희들아 너희 마음
을 소생하게 할지어다
33 여호와는 궁핍한 자의
소리를 들으시며 자기로
말미암아 갇힌 자를 멸
시하지 아니하시나니
34 천지가 그를 찬송할 것이
요 바다와 그중의 모든
생물도 그리할지로다
35 하나님이 시온을 구원하
시고 유다 성읍들을 건
설하시리니 무리가 거기
에 살며 소유를 삼으리
로다
36 그의 종들의 후손이 또
한 이를 상속하고 그의
이름을 사랑하는 자가
그 중에 살리로다

70편 급박한 위기 상황에 놓여있는 다윗이 하나님께 속히 자신을 구해달라고 호소하는 내용입니다. 또한 원수들에 대한 심판과 함께 주를 찾는 자들에게 승리의 기쁨을 주실 것을 간구하고 있습니다.

다윗의 시로 기념식에서 인도자를 따라 부르는 노래

1 하나님이여 나를 건지소
서 여호와여 속히 나를
도우소서
2 나의 영혼을 찾는 자들
이 수치와 무안을 당하
게 하시며 나의 상함을
기뻐하는 자들이 뒤로
물러가 수모를 당하게 하

소서
3 아하, 아하 하는 자들이
자기 수치로 말미암아 뒤
로 물러가게 하소서
4 주를 찾는 모든 자들이
주로 말미암아 기뻐하
고 즐거워하게 하시며 주
의 구원을 사랑하는 자
들이 항상 말하기를 하
나님은 위대하시다 하게
하소서
5 나는 가난하고 궁핍하오
니 하나님이여 속히 내게
임하소서 주는 나의 도
움이시요 나를 건지시는
이시오니 여호와여 지체
하지 마소서

71편

인생의 노년에 어려움을 겪었던 시인이 하나님을 향해 도움을 구하며 찬양을 올립니다. 전 생애를 보호해주신 하나님을 신뢰하며 끝까지 하나님께 소망을 두고 기도합니다.

1 여호와여 내가 주께 피
하오니 내가 영원히 수치
를 당하게 하지 마소서
2 주의 의로 나를 건지시
며 나를 풀어 주시며 주
의 귀를 내게 기울이사
나를 구원하소서
3 주는 내가 항상 피하여
숨을 바위가 되소서 주
께서 나를 구원하라 명
령하셨으니 이는 주께서
나의 반석이시요 나의 요
새이심이니이다
4 나의 하나님이여 나를 악

단어

곤고하다(69:32) 형편이나 처지가 어렵고 고생스럽다.
소생하다(69:32) 죽었다가 또는 거의 죽어 가던 상태에서 다시 살아나다.
지체하다(70:5) 질질 끌거나 늦추다.
반석(71:3) 어떠한 것을 지탱해 주는 견고하고 든든한 기반을 비유적으로 이르는 말.

인의 손 곧 불의한 자와
흉악한 자의 장중에서
피하게 하소서
5 주 여호와여 주는 나의
소망이시요 내가 어릴 때
부터 신뢰한 이시라
6 내가 모태에서부터 주를
의지하였으며 나의 어머
니의 배에서부터 주께서
나를 택하셨사오니 나는
항상 주를 찬송하리이다
7 나는 무리에게 이상한
징조같이 되었사오나 주
는 나의 견고한 피난처시
오니
8 주를 찬송함과 주께 영
광 돌림이 종일토록 내
입에 가득하리이다
9 늙을 때에 나를 버리지
마시며 내 힘이 쇠약할
때에 나를 떠나지 마소서
10 내 원수들이 내게 대하여
말하며 내 영혼을 엿보
는 자들이 서로 꾀하여
11 이르기를 하나님이 그를
버리셨은즉 따라 잡으라
건질 자가 없다 하오니
12 하나님이여 나를 멀리 하
지 마소서 나의 하나님이
여 속히 나를 도우소서
13 내 영혼을 대적하는 자
들이 수치와 멸망을 당하
게 하시며 나를 모해하려
하는 자들에게는 욕과
수욕이 덮이게 하소서
14 나는 항상 소망을 품고
주를 더욱더욱 찬송하리
이다

15 내가 측량할 수 없는 주
의 공의와 구원을 내 입
으로 종일 전하리이다
16 내가 주 여호와의 능하
신 행적을 가지고 오겠사
오며 주의 공의만 전하겠
나이다
17 하나님이여 나를 어려서
부터 교훈하셨으므로 내
가 지금까지 주의 기이한
일들을 전하였나이다
18 하나님이여 내가 늙어 백
발이 될 때에도 나를 버
리지 마시며 내가 주의
힘을 후대에 전하고 주의
능력을 장래의 모든 사
람에게 전하기까지 나를
버리지 마소서
19 하나님이여 주의 의가 또
한 지극히 높으시니이다
하나님이여 주께서 큰 일
을 행하셨사오니 누가 주
와 같으리이까
20 우리에게 여러 가지 심한
고난을 보이신 주께서 우
리를 다시 살리시며 땅
깊은 곳에서 다시 이끌
어 올리시리이다
21 나를 더욱 창대하게 하시
고 돌이키사 나를 위로
하소서
22 나의 하나님이여 내가 또
비파로 주를 찬양하며
주의 성실을 찬양하리이

단어

흉악하다(71:4) 성격, 언행이 모질고 악랄하다.
쇠약하다(71:9) 생물이나 사물의 힘이 줄어 약하다.
모해하다(71:13) 나쁜 꾀를 써서 남을 어려움에 빠뜨리다.
기이하다(71:17) 보통과 다르게 유별나고 이상하다.
창대하다(71:21) 일이나 현상의 진행이 잘되어 성하다.

다 이스라엘의 거룩하신
주여 내가 수금으로 주
를 찬양하리이다
23 내가 주를 찬양할 때에
나의 입술이 기뻐 외치며
주께서 속량하신 내 영
혼이 즐거워하리이다
24 나의 혀도 종일토록 주의
의를 작은 소리로 읊조리
오리니 나를 모해하려 하
던 자들이 수치와 무안
을 당함이니이다

72편

솔로몬의 시입니다. 왕으로 세워진 자신에게 판단력을 주시고, 그 통치가 열방에 미치기를 하나님께 간구합니다. 하나님이 맡기신 백성을 공의롭게 통치할 것과 이스라엘이 번성하길 기도합니다.

솔로몬의 시

1 하나님이여 주의 판단력
을 왕에게 주시고 주의
공의를 왕의 아들에게
주소서
2 그가 주의 백성을 공의
로 재판하며 주의 가난
한 자를 정의로 재판하
리니
3 의로 말미암아 산들이
백성에게 평강을 주며 작
은 산들도 그리하리로다
4 그가 가난한 백성의 억
울함을 풀어 주며 궁핍
한 자의 자손을 구원하
며 압박하는 자를 꺾으
리로다
5 그들이 해가 있을 동안
에도 주를 두려워하며
달이 있을 동안에도 대
대로 그리하리로다
6 그는 벤 풀 위에 내리는
비같이, 땅을 적시는 소

낙비같이 내리리니
7 그의 날에 의인이 흥왕
하여 평강의 풍성함이
달이 다할 때까지 이르리
로다
8 그가 바다에서부터 바다
까지와 강에서부터 땅 끝
까지 다스리리니
9 광야에 사는 자는 그 앞
에 굽히며 그의 원수들
은 티끌을 핥을 것이며
10 다시스와 섬의 왕들이
조공을 바치며 스바와 시
바 왕들이 예물을 드리
리로다
11 모든 왕이 그의 앞에 부
복하며 모든 민족이 다
그를 섬기리로다
12 그는 궁핍한 자가 부르짖
을 때에 건지며 도움이
없는 가난한 자도 건지며
13 그는 가난한 자와 궁핍
한 자를 불쌍히 여기며
궁핍한 자의 생명을 구
원하며
14 그들의 생명을 압박과
강포에서 구원하리니 그
들의 피가 그의 눈 앞에
서 존귀히 여김을 받으
리로다
15 그들이 생존하여 스바의
금을 그에게 드리며 사람
들이 그를 위하여 항상
기도하고 종일 찬송하리

단어

읊조리다(71:24) 뜻을 생각하며 감정이나 억양을 넣어 낮은 목소리로 읽거나 외다.
무안(71:24) 당혹스럽고 부끄러워 낯을 들기가 어려움.
흥왕하다(72:7) 번창하고 왕성하다.
조공(72:10) 속국이 종주국에 때맞추어 바치는 예물.
강포(72:14) 우악스럽고 사나움.

로다
16 산 꼭대기의 땅에도 곡식
이 풍성하고 그것의 열매
가 레바논같이 흔들리며
성에 있는 자가 땅의 풀
같이 왕성하리로다
17 그의 이름이 영구함이
여 그의 이름이 해와 같
이 장구하리로다 사람들
이 그로 말미암아 복을
받으리니 모든 민족이 다
그를 복되다 하리로다
18 홀로 기이한 일들을 행하
시는 여호와 하나님 곧
이스라엘의 하나님을 찬
송하며
19 그 영화로운 이름을 영
원히 찬송할지어다 온 땅
에 그의 영광이 충만할
지어다 아멘 아멘
20 이새의 아들 다윗의 기
도가 끝나니라

제 삼 권

73편

73-83편은 다윗 왕 때 성전의 찬양 대장이었던 아삽의 시입니다. 의인은 고통을 당하고 악인은 형통하게 사는 현실에 괴로워하지만, 곧 다시 하나님을 바라보며 마음을 새롭게 하는 내용입니다.

아삽의 시

1 하나님이 참으로 이스라
엘 중 마음이 정결한 자
에게 선을 행하시나
2 나는 거의 넘어질 뻔하였
고 나의 걸음이 미끄러질
뻔하였으니
3 이는 내가 악인의 형통
함을 보고 오만한 자를
질투하였음이로다
4 그들은 죽을 때에도 고
통이 없고 그 힘이 강건
하며
5 사람들이 당하는 고난이
그들에게는 없고 사람들
이 당하는 재앙도 그들
에게는 없나니
6 그러므로 교만이 그들의
목걸이요 강포가 그들의
옷이며
7 살찜으로 그들의 눈이
솟아나며 그들의 소득은
마음의 소원보다 많으며
8 그들은 능욕하며 악하게
말하며 높은 데서 거만
하게 말하며
9 그들의 입은 하늘에 두

단어

왕성하다(72:16) 매우 활발하다.
장구하다(72:17) 지나온 시간이 매우 길고 오래다.
충만하다(72:19) 어떤 감정이나 기운으로 가득하게 차 있다.
정결하다(73:1) 순수하고 깨끗하다.
형통하다(73:3) 모든 일이 뜻대로 잘되어 가다.

고 그들의 혀는 땅에 두
루 다니도다
10 그러므로 그의 백성이 이
리로 돌아와서 잔에 가
득한 물을 다 마시며
11 말하기를 하나님이 어찌
알랴 지존자에게 지식이
있으랴 하는도다
12 볼지어다 이들은 악인들
이라도 항상 평안하고 재
물은 더욱 불어나도다
13 내가 내 마음을 깨끗하
게 하며 내 손을 씻어 무
죄하다 한 것이 실로 헛
되도다
14 나는 종일 재난을 당하
며 아침마다 징벌을 받았
도다
15 내가 만일 스스로 이르기
를 내가 그들처럼 말하리
라 하였더라면 나는 주의
아들들의 세대에 대하여
악행을 행하였으리이다
16 내가 어쩌면 이를 알까
하여 생각한즉 그것이 내
게 심한 고통이 되었더니
17 하나님의 성소에 들어갈
때에야 그들의 종말을 내
가 깨달았나이다
18 주께서 참으로 그들을
미끄러운 곳에 두시며 파
멸에 던지시니
19 그들이 어찌하여 그리 갑
자기 황폐되었는가 놀랄
정도로 그들은 전멸하였
나이다
20 주여 사람이 깬 후에는
꿈을 무시함같이 주께서

깨신 후에는 그들의 형
상을 멸시하시리이다
21 내 마음이 산란하며 내
양심이 찔렸나이다
22 내가 이같이 우매 무지함
으로 주 앞에 짐승이오나
23 내가 항상 주와 함께 하
니 주께서 내 오른손을
붙드셨나이다
24 주의 교훈으로 나를 인
도하시고 후에는 영광으
로 나를 영접하시리니
25 하늘에서는 주 외에 누
가 내게 있으리요 땅에서
는 주 밖에 내가 사모할
이 없나이다
26 내 육체와 마음은 쇠약
하나 하나님은 내 마음
의 반석이시요 영원한 분
깃이시라
27 무릇 주를 멀리하는 자
는 망하리니 음녀같이
주를 떠난 자를 주께서
다 멸하셨나이다
28 하나님께 가까이함이 내
게 복이라 내가 주 여호
와를 나의 피난처로 삼
아 주의 모든 행적을 전
파하리이다

74편 저작 시기가 분명하지 않은 이 시는 이방의 침략으로 예루살렘이 무너지고 하나님의 성전이 파손된 암담한 현실을 보면서 비통한 마음으로 하나님께 나라를 구원해 달라고 간구하는 시입니다.

아삽의 마스길

1 하나님이여 주께서 어찌

단어

실로(73:13) 사실 그대로 아주.
징벌(73:14) 옳지 아니한 일을 하거나 죄를 지은 데 대하여 벌을 줌. 또는 그 벌.
성소(73:17) 제사장이 하나님께 제물을 바치고 의식을 행하던 거룩한 곳.
산란하다(73:21) 마음·정신이 어수선하고 뒤숭숭하다.

하여 우리를 영원히 버리
시나이까 어찌하여 주께
서 기르시는 양을 향하
여 진노의 연기를 뿜으시
나이까
2 옛적부터 얻으시고 속량
하사 주의 기업의 지파로
삼으신 주의 회중을 기억
하시며 주께서 계시던 시
온 산도 생각하소서
3 영구히 파멸된 곳을 향
하여 주의 발을 옮겨 놓
으소서 원수가 성소에서
모든 악을 행하였나이다
4 주의 대적이 주의 회중
가운데에서 떠들며 자기
들의 깃발을 세워 표적으
로 삼았으니
5 그들은 마치 도끼를 들
어 삼림을 베는 사람 같
으니이다
6 이제 그들이 도끼와 철퇴
로 성소의 모든 조각품
을 쳐서 부수고
7 주의 성소를 불사르며 주
의 이름이 계신 곳을 더
럽혀 땅에 엎었나이다
8 그들이 마음속으로 이르
기를 우리가 그들을 진멸
하자 하고 이 땅에 있는
하나님의 모든 회당을
불살랐나이다
9 우리의 표적은 보이지 아
니하며 선지자도 더 이상
없으며 이런 일이 얼마나
오랠는지 우리 중에 아
는 자도 없나이다
10 하나님이여 대적이 언제

까지 비방하겠으며 원수
가 주의 이름을 영원히
능욕하리이까
11 주께서 어찌하여 주의
손 곧 주의 오른손을 거
두시나이까 주의 품에서
손을 빼내시어 그들을
멸하소서
12 하나님은 예로부터 나의
왕이시라 사람에게 구원
을 베푸셨나이다
13 주께서 주의 능력으로
바다를 나누시고 물 가
운데 용들의 머리를 깨뜨
리셨으며
14 리워야단의 머리를 부수
시고 그것을 사막에 사
는 자에게 음식물로 주
셨으며
15 주께서 바위를 쪼개어
큰 물을 내시며 주께서
늘 흐르는 강들을 마르
게 하셨나이다
16 낮도 주의 것이요 밤도
주의 것이라 주께서 빛과
해를 마련하셨으며
17 주께서 땅의 경계를 정하
시며 주께서 여름과 겨
울을 만드셨나이다
18 여호와여 이것을 기억하
소서 원수가 주를 비방
하며 우매한 백성이 주의
이름을 능욕하였나이다
19 주의 멧비둘기의 생명을

단어

삼림(74:5) 나무가 빽빽하게 많이 있는 숲.
회당(74:8) 유대인들이 예배드리고 율법을 가르치는 데 사용된 건물.

리워야단(74:14) 창조주이시고 혼돈을 정리하시는 하나님의 능력을 시적으로 표현하기 위해 등장하는 신화적인 혼돈의 괴물.

들짐승에게 주지 마시며
주의 가난한 자의 목숨
을 영원히 잊지 마소서
20 그 언약을 눈여겨보소서
무릇 땅의 어두운 곳에
포악한 자의 처소가 가
득하나이다
21 학대 받은 자가 부끄러이
돌아가게 하지 마시고 가
난한 자와 궁핍한 자가
주의 이름을 찬송하게
하소서
22 하나님이여 일어나 주의
원통함을 푸시고 우매한
자가 종일 주를 비방하
는 것을 기억하소서
23 주의 대적들의 소리를 잊
지 마소서 일어나 주께
항거하는 자의 떠드는 소
리가 항상 주께 상달되
나이다

75편 이스라엘이 적국의 침략을 받고 있을 때 지어진 시입니다. 시인은 하나님께서 정해놓은 때에 이루어질 공의로운 심판을 간절히 소망하고 있습니다. 그날이 오면 악인의 권세는 꺾이고 의인은 높아질 것입니다.

아삽의 시, 인도자를 따라 알다스헷에 맞춘 노래

1 하나님이여 우리가 주께
감사하고 감사함은 주의
이름이 가까움이라 사람
들이 주의 기이한 일들
을 전파하나이다
2 주의 말씀이 내가 정한
기약이 이르면 내가 바르
게 심판하리니
3 땅의 기둥은 내가 세웠거
니와 땅과 그 모든 주민
이 소멸되리라 하시도다
(셀라)

4 내가 오만한 자들에게 오
만하게 행하지 말라 하
며 악인들에게 뿔을 들
지 말라 하였노니
5 너희 뿔을 높이 들지 말
며 교만한 목으로 말하
지 말지어다
6 무릇 높이는 일이 동쪽
에서나 서쪽에서 말미암
지 아니하며 남쪽에서도
말미암지 아니하고
7 오직 재판장이신 하나님
이 이를 낮추시고 저를
높이시느니라
8 여호와의 손에 잔이 있
어 술 거품이 일어나는도
다 속에 섞은 것이 가득
한 그 잔을 하나님이 쏟
아 내시나니 실로 그 찌
꺼기까지도 땅의 모든 악
인이 기울여 마시리로다
9 나는 야곱의 하나님을 영
원히 선포하며 찬양하며
10 또 악인들의 뿔을 다 베
고 의인의 뿔은 높이 들
리로다

76편 이 시는 히스기야 왕 때 예루살렘을 침략했던 앗시리아를 물리친 후에 쓴 것으로 봅니다. 위험에 빠진 이스라엘과 예루살렘을 도우시고 보호하셔서 승리하게 하신 하나님을 찬양하고 있습니다.

아삽의 시, 인도자를 따라 현악에 맞춘 노래

1 하나님은 유다에 알려지
셨으며 그의 이름이 이스
라엘에 크시도다
2 그의 장막은 살렘에 있

단어

눈여겨보다(74:20) 주의하여 잘 살펴보다.
원통하다(74:22) 몹시 억울하여 가슴이 아프다.
우매하다(74:22) 어리석고 사리에 어둡다.
항거하다(74:23) 순종하지 않고 맞서서 반항하다.
상달되다(74:23) 말이나 글로 여쭈어 알려지다.
기약(75:2) 때를 정하여 약속함. 또는 그런 약속.

음이여 그의 처소는 시
온에 있도다
3 거기에서 그가 화살과
방패와 칼과 전쟁을 없이
하셨도다 (셀라)
4 주는 약탈한 산에서 영화
로우시며 존귀하시도다
5 마음이 강한 자도 가진
것을 빼앗기고 잠에 빠
질 것이며 장사들도 모두
그들에게 도움을 줄 손
을 만날 수 없도다
6 야곱의 하나님이여 주께
서 꾸짖으시매 병거와 말
이 다 깊이 잠들었나이다
7 주께서는 경외 받을 이시
니 주께서 한 번 노하실
때에 누가 주의 목전에
서리이까
8 주께서 하늘에서 판결을
선포하시매 땅이 두려워
잠잠하였나니
9 곧 하나님이 땅의 모든
온유한 자를 구원하시려
고 심판하러 일어나신 때
에로다 (셀라)
10 진실로 사람의 노여움은
주를 찬송하게 될 것이
요 그 남은 노여움은 주
께서 금하시리이다
11 너희는 여호와 너희 하나
님께 서원하고 갚으라 사
방에 있는 모든 사람도
마땅히 경외할 이에게 예
물을 드릴지로다
12 그가 고관들의 기를 꺾으
시리니 그는 세상의 왕들
에게 두려움이시로다

77편 큰 절망 가운데 있던 시인은 하나님께서 더 이상 은혜를 베풀지 않으시는 것 같아 낙심합니다. 그러나 이스라엘의 역사를 기억하면서, 과거에 베푸셨던 구원의 은혜와 놀라운 일들을 되새기기 시작합니다.

아삽의 시, 인도자를 따라 여두둔의 법칙에 따라 부르는 노래

1 내가 내 음성으로 하나
님께 부르짖으리니 내 음
성으로 하나님께 부르짖
으면 내게 귀를 기울이시
리로다
2 나의 환난 날에 내가 주
를 찾았으며 밤에는 내
손을 들고 거두지 아니하
였나니 내 영혼이 위로
받기를 거절하였도다
3 내가 하나님을 기억하고
불안하여 근심하니 내
심령이 상하도다 (셀라)
4 주께서 내가 눈을 붙이
지 못하게 하시니 내가
괴로워 말할 수 없나이
다
5 내가 옛날 곧 지나간 세
월을 생각하였사오며
6 밤에 부른 노래를 내가
기억하여 내 심령으로,
내가 내 마음으로 간구
하기를
7 주께서 영원히 버리실까,
다시는 은혜를 베풀지 아
니하실까,
8 그의 인자하심은 영원히
끝났는가, 그의 약속하심
도 영구히 폐하였는가,

단어

약탈하다(76:4) 폭력을 써서 억지로 빼앗다.
목전(76:7) 눈으로 볼 수 있는 아주 가까운 곳.
서원하다(76:11) 하나님께 은혜를 구하고, 그 보답으로 어떤 선행을 하겠다고 맹세하다.
영구히(77:8) 끝없이 지속되거나 변함없이.
폐하다(77:8) 없애거나 그만두다.

9 하나님이 그가 베푸실
은혜를 잊으셨는가, 노하
심으로 그가 베푸실 긍
휼을 그치셨는가 하였나
이다 (셀라)
10 또 내가 말하기를 이는
나의 잘못이라 지존자의
오른손의 해
11 곧 여호와의 일들을 기
억하며 주께서 옛적에 행
하신 기이한 일을 기억하
리이다
12 또 주의 모든 일을 작은
소리로 읊조리며 주의 행
사를 낮은 소리로 되뇌이
리이다
13 하나님이여 주의 도는 극
히 거룩하시오니 하나님
과 같이 위대하신 신이
누구오니이까
14 주는 기이한 일을 행하
신 하나님이시라 민족들
중에 주의 능력을 알리
시고
15 주의 팔로 주의 백성 곧
야곱과 요셉의 자손을
속량하셨나이다 (셀라)
16 하나님이여 물들이 주를
보았나이다 물들이 주를
보고 두려워하며 깊음도
진동하였고
17 구름이 물을 쏟고 궁창
이 소리를 내며 주의 화
살도 날아갔나이다
18 회오리바람 중에 주의
우렛소리가 있으며 번개
가 세계를 비추며 땅이
흔들리고 움직였나이다

19 주의 길이 바다에 있었
고 주의 곧은 길이 큰 물
에 있었으나 주의 발자취
를 알 수 없었나이다
20 주의 백성을 양 떼같이
모세와 아론의 손으로
인도하셨나이다

78편 이스라엘의 역사 가운데 임하신 하나님의 한결같은 사랑을 찬양하며, 늘 순종하는 삶을 살아갈 것을 교훈하는 시입니다. 북이스라엘이 멸망당할 즈음에 쓴 시로 추측합니다.

아삽의 마스길

1 내 백성이여, 내 율법을
들으며 내 입의 말에 귀
를 기울일지어다
2 내가 입을 열어 비유로
말하며 예로부터 감추어
졌던 것을 드러내려 하니
3 이는 우리가 들어서 아
는 바요 우리의 조상들
이 우리에게 전한 바라
4 우리가 이를 그들의 자손
에게 숨기지 아니하고 여
호와의 영예와 그의 능
력과 그가 행하신 기이
한 사적을 후대에 전하리
로다
5 여호와께서 증거를 야곱
에게 세우시며 법도를 이
스라엘에게 정하시고 우
리 조상들에게 명령하사
그들의 자손에게 알리라
하셨으니
6 이는 그들로 후대 곧 태
어날 자손에게 이를 알

단어

읊조리다(77:12) 뜻을 생각하며 감정이나 억양을 넣어 낮은 목소리로 읽거나 외다.
되뇌다(77:12) 되풀이하여 말하다.
우렛소리(77:18) 천둥이 치는 소리.
비유(78:2) 어떤 사물이나 현상을 그와 비슷한 다른 사물이나 현상에 빗대어 표현함.

게 하고 그들은 일어나
그들의 자손에게 일러서
7 그들로 그들의 소망을 하
나님께 두며 하나님께서
행하신 일을 잊지 아니하
고 오직 그의 계명을 지
켜서
8 그들의 조상들 곧 완고하
고 패역하여 그들의 마
음이 정직하지 못하며
그 심령이 하나님께 충
성하지 아니하는 세대와
같이 되지 아니하게 하려
하심이로다
9 에브라임 자손은 무기를
갖추며 활을 가졌으나 전
쟁의 날에 물러갔도다
10 그들이 하나님의 언약을
지키지 아니하고 그의 율
법 준행을 거절하며
11 여호와께서 행하신 것과
그들에게 보이신 그의 기
이한 일을 잊었도다
12 옛적에 하나님이 애굽 땅
소안 들에서 기이한 일을
그들의 조상들의 목전에
서 행하셨으되
13 그가 바다를 갈라 물을
무더기같이 서게 하시고
그들을 지나가게 하셨
으며
14 낮에는 구름으로, 밤에
는 불빛으로 인도하셨으
며
15 광야에서 반석을 쪼개시
고 매우 깊은 곳에서 나
오는 물처럼 흡족하게 마
시게 하셨으며

16 또 바위에서 시내를 내
사 물이 강같이 흐르게
하셨으나
17 그들은 계속해서 하나님
께 범죄하여 메마른 땅
에서 지존자를 배반하였
도다
18 그들이 그들의 탐욕대로
음식을 구하여 그들의
심중에 하나님을 시험하
였으며
19 그뿐 아니라 하나님을 대
적하여 말하기를 하나님
이 광야에서 식탁을 베
푸실 수 있으랴
20 보라 그가 반석을 쳐서
물을 내시니 시내가 넘쳤
으나 그가 능히 떡도 주
시며 자기 백성을 위하여
고기도 예비하시랴 하였
도다
21 그러므로 여호와께서 듣
고 노하셨으며 야곱에게
불같이 노하셨고 또한 이
스라엘에게 진노가 불타
올랐으니
22 이는 하나님을 믿지 아니
하며 그의 구원을 의지
하지 아니한 때문이로다
23 그러나 그가 위의 궁창
을 명령하시며 하늘 문
을 여시고
24 그들에게 만나를 비같이
내려 먹이시며 하늘 양식

단어

준행(78:10) 전례나 명령 따위를 좇아서 그대로 행함.
흡족하다(78:15) 조금도 모자람이 없이 넉넉하여 만족함을 느끼는 상태에 있다.
만나(78:24) 이스라엘이 이집트에서 나와 가나안으로 가는 동안, 하나님께서 날마다 내려 주신 양식. 서리같이 고운 가루.

을 그들에게 주셨나니
25 사람이 힘센 자의 떡을
먹었으며 그가 음식을 그
들에게 충족히 주셨도다
26 그가 동풍을 하늘에서
일게 하시며 그의 권능으
로 남풍을 인도하시고
27 먼지처럼 많은 고기를 비
같이 내리시고 나는 새
를 바다의 모래같이 내리
셨도다
28 그가 그것들을 그들의 진
중에 떨어지게 하사 그들
의 거처에 두르셨으므로
29 그들이 먹고 심히 배불렀
나니 하나님이 그들의 원
대로 그들에게 주셨도다
30 그러나 그들이 그들의 욕
심을 버리지 아니하여 그
들의 먹을 것이 아직 그
들의 입에 있을 때에
31 하나님이 그들에게 노염
을 나타내사 그들 중 강
한 자를 죽이시며 이스
라엘의 청년을 쳐 엎드러
뜨리셨도다
32 이러함에도 그들은 여전
히 범죄하여 그의 기이
한 일들을 믿지 아니하
였으므로
33 하나님이 그들의 날들을
헛되이 보내게 하시며 그
들의 햇수를 두려움으로
보내게 하셨도다
34 하나님이 그들을 죽이실
때에 그들이 그에게 구하
며 돌이켜 하나님을 간절
히 찾았고

35 하나님이 그들의 반석이
시며 지존하신 하나님이
그들의 구속자이심을 기
억하였도다
36 그러나 그들이 입으로 그
에게 아첨하며 자기 혀
로 그에게 거짓을 말하
였으니
37 이는 하나님께 향하는
그들의 마음이 정함이
없으며 그의 언약에 성실
하지 아니하였음이로다
38 오직 하나님은 긍휼하시
므로 죄악을 덮어 주시
어 멸망시키지 아니하시
고 그의 진노를 여러 번
돌이키시며 그의 모든
분을 다 쏟아 내지 아니
하셨으니
39 그들은 육체이며 가고 다
시 돌아오지 못하는 바
람임을 기억하셨음이라
40 그들이 광야에서 그에게
반항하며 사막에서 그를
슬프시게 함이 몇 번인가
41 그들이 돌이켜 하나님을
거듭거듭 시험하며 이스
라엘의 거룩하신 이를 노
엽게 하였도다
42 그들이 그의 권능의 손
을 기억하지 아니하며 대
적에게서 그들을 구원하
신 날도 기억하지 아니하
였도다

단어

충족히(78:25) 필요한 양이나 조건이 채워져 모자람이 없게.

진(78:28) 군사들이 대열을 이뤄 자리를 잡음.

노염(78:31) 화가 날 만큼 섭섭하고 분한 감정.

아첨하다(78:36) 남의 마음에 들려고 비위를 맞추면서 알랑거리다.

43 그때에 하나님이 애굽에
서 그의 표적들을, 소안
들에서 그의 징조들을
나타내사
44 그들의 강과 시내를 피로
변하여 그들로 마실 수
없게 하시며
45 쇠파리 떼를 그들에게 보
내어 그들을 물게 하시고
개구리를 보내어 해하게
하셨으며
46 그들의 토산물을 황충에
게 주셨고 그들이 수고
한 것을 메뚜기에게 주셨
으며
47 그들의 포도나무를 우박
으로, 그들의 뽕나무를
서리로 죽이셨으며
48 그들의 가축을 우박에,
그들의 양 떼를 번갯불
에 넘기셨으며
49 그의 맹렬한 노여움과 진
노와 분노와 고난 곧 재
앙의 천사들을 그들에게
내려보내셨으며
50 그는 진노로 길을 닦으
사 그들의 목숨이 죽음
을 면하지 못하게 하시고
그들의 생명을 전염병에
붙이셨으며
51 애굽에서 모든 장자 곧
함의 장막에 있는 그들
의 기력의 처음 것을 치
셨으나
52 그가 자기 백성은 양같
이 인도하여 내시고 광
야에서 양 떼같이 지도
하셨도다

53 그들을 안전히 인도하시
니 그들은 두려움이 없
었으나 그들의 원수는 바
다에 빠졌도다
54 그들을 그의 성소의 영역
곧 그의 오른손으로 만드
신 산으로 인도하시고
55 또 나라를 그들의 앞에
서 쫓아내시며 줄을 쳐
서 그들의 소유를 분배
하시고 이스라엘의 지파
들이 그들의 장막에 살
게 하셨도다
56 그러나 그들은 지존하신
하나님을 시험하고 반항
하여 그의 명령을 지키지
아니하며

57 그들의 조상들같이 배반
하고 거짓을 행하여 속이
는 활같이 빗나가서
58 자기 산당들로 그의 노
여움을 일으키며 그들의
조각한 우상들로 그를
진노하게 하였으매
59 하나님이 들으시고 분내
어 이스라엘을 크게 미
워하사
60 사람 가운데 세우신 장
막 곧 실로의 성막을 떠
나시고
61 그가 그의 능력을 포로
에게 넘겨 주시며 그의
영광을 대적의 손에 붙
이시고

단어

토산물(78:46) 그 지방에서 생산되거나 특유하게 나는 물건.
황충(78:46) 메뚜깃과에 속한 곤충의 한 종. 농작물에 큰 해를 입히기도 한다.
산당(78:58) 산꼭대기나 높은 평지에 설치한 일종의 신 숭배지. 대개 이방 종교와 연관되어 있다.

62 그가 그의 소유 때문에
분내사 그의 백성을 칼
에 넘기셨으니
63 그들의 청년은 불에 살라
지고 그들의 처녀들은 혼
인 노래를 들을 수 없었
으며
64 그들의 제사장들은 칼에
엎드러지고 그들의 과부
들은 애곡도 하지 못하였
도다
65 그때에 주께서 잠에서 깨
어난 것처럼, 포도주를
마시고 고함치는 용사처
럼 일어나사
66 그의 대적들을 쳐 물리
쳐서 영원히 그들에게 욕
되게 하셨도다
67 또 요셉의 장막을 버리시
며 에브라임 지파를 택
하지 아니하시고
68 오직 유다 지파와 그가
사랑하시는 시온 산을
택하시며
69 그의 성소를 산의 높음
같이, 영원히 두신 땅같
이 지으셨도다
70 또 그의 종 다윗을 택하
시되 양의 우리에서 취하
시며
71 젖 양을 지키는 중에서
그를 이끌어 내사 그의
백성인 야곱, 그의 소유
인 이스라엘을 기르게
하셨더니
72 이에 그가 그들을 자기
마음의 완전함으로 기르
고 그의 손의 능숙함으

로 그들을 지도하였도다

79편

예루살렘과 성전이 멸망한 상황에 쓴 시입니다. 죄를 지은 이스라엘이 멸망하게 되었을 때, 시인은 회개하며 하나님이 진노를 거두시고 이스라엘을 회복시켜 주실 것을 간절히 바랐습니다.

아삽의 시

1 하나님이여 이방 나라들
이 주의 기업의 땅에 들
어와서 주의 성전을 더럽
히고 예루살렘이 돌무더
기가 되게 하였나이다
2 그들이 주의 종들의 시체
를 공중의 새에게 밥으
로, 주의 성도들의 육체
를 땅의 짐승에게 주며
3 그들의 피를 예루살렘
사방에 물같이 흘렸으나
그들을 매장하는 자가
없었나이다
4 우리는 우리 이웃에게 비
방거리가 되며 우리를 에
워싼 자에게 조소와 조
롱거리가 되었나이다
5 여호와여 어느 때까지니
이까 영원히 노하시리이
까 주의 질투가 불붙듯
하시리이까
6 주를 알지 아니하는 민
족들과 주의 이름을 부
르지 아니하는 나라들에
게 주의 노를 쏟으소서
7 그들이 야곱을 삼키고
그의 거처를 황폐하게 함
이니이다
8 우리 조상들의 죄악을 기

단어

애곡(78:64) 슬퍼하며 큰 소리를 내어 욺.
능숙하다(78:72) 어떤 일을 할 때 막히거나 서투른 데가 없이 익숙하다.
매장하다(79:3) 시체나 뼈를 어떤 곳에 묻다.
조롱거리(79:4) 남의 비웃음이나 놀림을 받는 대상.
황폐하다(79:7) 거칠어져 못 쓰게 되다.

억하지 마시고 주의 긍휼
로 우리를 속히 영접하
소서 우리가 매우 가련하
게 되었나이다
9 우리 구원의 하나님이여
주의 이름의 영광스러운
행사를 위하여 우리를
도우시며 주의 이름을 증
거하기 위하여 우리를 건
지시며 우리 죄를 사하
소서
10 이방 나라들이 어찌하
여 그들의 하나님이 어디
있느냐 말하나이까 주의
종들이 피 흘림에 대한
복수를 우리의 목전에서
이방 나라에게 보여 주
소서
11 갇힌 자의 탄식을 주의
앞에 이르게 하시며 죽
이기로 정해진 자도 주의
크신 능력을 따라 보존
하소서
12 주여 우리 이웃이 주를
비방한 그 비방을 그들
의 품에 칠 배나 갚으소
서
13 우리는 주의 백성이요 주
의 목장의 양이니 우리
는 영원히 주께 감사하며
주의 영예를 대대에 전하
리이다

80편 북 이스라엘이 앗시리아에 의해 멸망당한 사건을 이야기하고 있습니다. 시인은 이스라엘을 '주님의 포도나무'에 비유하며 하나님이 택하신 이스라엘을 구원하셔서 다시 회복시켜 주실 것을 간구합니다.

아삽의 시, 인도자를 따라 소산님에둣에 맞춘 노래

1 요셉을 양 떼같이 인도

하시는 이스라엘의 목자
여 귀를 기울이소서 그
룹 사이에 좌정하신 이
여 빛을 비추소서
2 에브라임과 베냐민과 므
낫세 앞에서 주의 능력
을 나타내사 우리를 구
원하러 오소서
3 하나님이여 우리를 돌이
키시고 주의 얼굴빛을 비
추사 우리가 구원을 얻
게 하소서
4 만군의 하나님 여호와여
주의 백성의 기도에 대하
여 어느 때까지 노하시리
이까
5 주께서 그들에게 눈물의
양식을 먹이시며 많은
눈물을 마시게 하셨나이
다
6 우리를 우리 이웃에게
다툼거리가 되게 하시니
우리 원수들이 서로 비
웃나이다
7 만군의 하나님이여 우리
를 회복하여 주시고 주
의 얼굴의 광채를 비추
사 우리가 구원을 얻게
하소서
8 주께서 한 포도나무를
애굽에서 가져다가 민족
들을 쫓아내시고 그것을
심으셨나이다
9 주께서 그 앞서 가꾸셨

단어

가련하다(79:8) 마음이 슬플 정도로 가엾고 불쌍하다.
목전(79:10) 눈으로 볼 수 있는 아주 가까운 곳.
탄식(79:11) 근심이나 원망으로 한탄하여 숨을 내쉼.
그룹(80:1) 날개가 달린 천상의 피조물.
노하다(80:4) 마음에 마땅치 않아 크게 성나다.
광채(80:7) 찬란한 빛. 정기가 드러나는 밝은 빛.

으므로 그 뿌리가 깊이
박혀서 땅에 가득하며
10 그 그늘이 산들을 가리
고 그 가지는 하나님의
백향목 같으며
11 그 가지가 바다까지 뻗고
넝쿨이 강까지 미쳤거늘
12 주께서 어찌하여 그 담
을 허시사 길을 지나가
는 모든 이들이 그것을
따게 하셨나이까
13 숲 속의 멧돼지들이 상
해하며 들짐승들이 먹나
이다
14 만군의 하나님이여 구하
옵나니 돌아오소서 하늘
에서 굽어보시고 이 포
도나무를 돌보소서
15 주의 오른손으로 심으신
줄기요 주를 위하여 힘있
게 하신 가지니이다
16 그것이 불타고 베임을 당
하며 주의 면책으로 말
미암아 멸망하오니
17 주의 오른쪽에 있는 자
곧 주를 위하여 힘있게
하신 인자에게 주의 손
을 얹으소서
18 그리하시면 우리가 주에
게서 물러가지 아니하오
리니 우리를 소생하게 하
소서 우리가 주의 이름
을 부르리이다
19 만군의 하나님 여호와여
우리를 돌이켜 주시고 주
의 얼굴의 광채를 우리에
게 비추소서 우리가 구
원을 얻으리이다

81편

이스라엘의 3대 절기 때 불렀던 찬양시입니다. 그중에서도 장막절에 불렀던 것으로 보는 견해가 많습니다. 장막절을 맞아 하나님을 찬양하고, 하나님께 순종하는 삶을 살 것을 말하고 있습니다.

아삽의 시, 인도자를 따라 깃딧에 맞춘 노래

1 우리의 능력이 되시는 하
나님을 향하여 기쁘게
노래하며 야곱의 하나님
을 향하여 즐거이 소리칠
지어다
2 시를 읊으며 소고를 치고
아름다운 수금에 비파를
아우를지어다
3 초하루와 보름과 우리의
명절에 나팔을 불지어다
4 이는 이스라엘의 율례요
야곱의 하나님의 규례로
다
5 하나님이 애굽 땅을 치러
나아가시던 때에 요셉의
족속 중에 이를 증거로
세우셨도다 거기서 내가
알지 못하던 말씀을 들
었나니
6 이르시되 내가 그의 어깨
에서 짐을 벗기고 그의
손에서 광주리를 놓게 하
였도다
7 네가 고난 중에 부르짖으
매 내가 너를 건졌고 우
렛소리의 은밀한 곳에서
네게 응답하며 므리바
물 가에서 너를 시험하였
도다 (셀라)
8 내 백성이여 들으라 내가

단어

상해하다(80:13) 상처나 피해 등을 입히다.
아우르다(81:2) 모아서 하나가 되게 하다.
규례(81:4) 지켜야 할 규칙과 정해진 관례.

므리바(81:7) 이집트를 탈출한 이스라엘 백성이 물이 없어 하나님을 원망할 때, 모세가 하나님의 말씀대로 반석을 쳐 물이 나왔던 곳.

네게 증언하리라 이스라
엘이여 내게 듣기를 원하
노라
9 너희 중에 다른 신을 두
지 말며 이방 신에게 절
하지 말지어다
10 나는 너를 애굽 땅에서
인도하여 낸 여호와 네
하나님이니 네 입을 크게
열라 내가 채우리라 하였
으나
11 내 백성이 내 소리를 듣지
아니하며 이스라엘이 나
를 원하지 아니하였도다
12 그러므로 내가 그의 마
음을 완악한 대로 버려
두어 그의 임의대로 행하
게 하였도다
13 내 백성아 내 말을 들으
라 이스라엘아 내 도를
따르라
14 그리하면 내가 속히 그들
의 원수를 누르고 내 손
을 돌려 그들의 대적들
을 치리니
15 여호와를 미워하는 자는
그에게 복종하는 체할지
라도 그들의 시대는 영원
히 계속되리라
16 또 내가 기름진 밀을 그
들에게 먹이며 반석에서
나오는 꿀로 너를 만족하
게 하리라 하셨도다

82편

불의한 통치자들과 불공정한 재판장들의 잘못을 지적하고, 온 세상을 다스리시는 의로우신 하나님이 반드시 그들을 심판하실 것임을 경고하는 시입니다. 또한 공의로우신 하나님을 찬양하고 있습니다.

아삽의 시

1 하나님은 신들의 모임 가

운데에 서시며 하나님은
그들 가운데에서 재판하
시느니라
2 너희가 불공평한 판단을
하며 악인의 낯 보기를
언제까지 하려느냐 (셀라)
3 가난한 자와 고아를 위
하여 판단하며 곤란한
자와 빈궁한 자에게 공
의를 베풀지며
4 가난한 자와 궁핍한 자
를 구원하여 악인들의
손에서 건질지니라 하시
는도다
5 그들은 알지도 못하고
깨닫지도 못하여 흑암
중에 왕래하니 땅의 모
든 터가 흔들리도다
6 내가 말하기를 너희는 신
들이며 다 지존자의 아
들들이라 하였으나
7 그러나 너희는 사람처럼
죽으며 고관의 하나같이
넘어지리로다
8 하나님이여 일어나사 세
상을 심판하소서 모든
나라가 주의 소유이기
때문이니이다

83편 이스라엘이 주변 나라에 침략을 당했을 때 지은 시입니다. 이스라엘을 정복하려는 적들의 음모를 하나님께 고발하고, 하나님이 원수들을 물리치시고 구원해 주실 것을 기도하고 있습니다.

아삽의 시 곧 노래

1 하나님이여 침묵하지 마
소서 하나님이여 잠잠하

단어

완악하다(81:12) 억세게 고집스럽고 모질다.
임의(81:12) 어떤 일정한 기준이나 원칙 없이 하고 싶은 대로 함.
낯(82:2) 눈, 코, 입, 등이 있는 얼굴의 앞쪽 면.
빈궁하다(82:3) 가난하여 살기가 어렵다.
왕래하다(82:5) 오고가고 하다.

지 마시고 조용하지 마
소서
2 무릇 주의 원수들이 떠
들며 주를 미워하는 자
들이 머리를 들었나이다
3 그들이 주의 백성을 치
려 하여 간계를 꾀하며
주께서 숨기신 자를 치려
고 서로 의논하여
4 말하기를 가서 그들을 멸
하여 다시 나라가 되지
못하게 하여 이스라엘의
이름으로 다시는 기억되
지 못하게 하자 하나이다
5 그들이 한마음으로 의논
하고 주를 대적하여 서
로 동맹하니
6 곧 에돔의 장막과 이스
마엘인과 모압과 하갈인
이며
7 그발과 암몬과 아말렉이
며 블레셋과 두로 사람
이요
8 앗수르도 그들과 연합하
여 롯 자손의 도움이 되
었나이다 (셀라)
9 주는 미디안인에게 행하
신 것같이, 기손 시내에
서 시스라와 야빈에게 행
하신 것같이 그들에게도
행하소서
10 그들은 엔돌에서 패망하
여 땅에 거름이 되었나
이다
11 그들의 귀인들이 오렙과
스엡 같게 하시며 그들의
모든 고관들은 세바와
살문나와 같게 하소서

12 그들이 말하기를 우리가
하나님의 목장을 우리의
소유로 취하자 하였나
이다
13 나의 하나님이여 그들이
굴러가는 검불 같게 하
시며 바람에 날리는 지
푸라기 같게 하소서
14 삼림을 사르는 불과 산
에 붙는 불길같이
15 주의 광풍으로 그들을
쫓으시며 주의 폭풍으로
그들을 두렵게 하소서
16 여호와여 그들의 얼굴에
수치가 가득하게 하사 그
들이 주의 이름을 찾게
하소서
17 그들로 수치를 당하여 영
원히 놀라게 하시며 낭패
와 멸망을 당하게 하사
18 여호와라 이름하신 주만
온 세계의 지존자로 알
게 하소서

84편 예루살렘을 순례하는 시인이 성전을 사모하는 마음으로 지은 시입니다. 시인은 하나님을 간절히 찾고 의지하는 자에게 복이 있음을 노래하고 있습니다. 시편 최고의 성전 예찬가로 꼽힙니다.

고라 자손의 시, 인도자를 따라 깃딧에 맞춘 노래

1 만군의 여호와여 주의
장막이 어찌 그리 사랑스
러운지요
2 내 영혼이 여호와의 궁정
을 사모하여 쇠약함이여
내 마음과 육체가 살아

단어
간계(83:3) 간사하고 교활한 꾀.
동맹하다(83:5) 둘 이상의 개인·단체·국가가 공동의 목적을 위해 동일한 행동을 취하기로 약속하다.
패망하다(83:10) 싸움에서 져서 망하다.
검불(83:13) 마른 나뭇가지, 마른풀, 마른 낙엽 따위를 통틀어 이르는 말.

계시는 하나님께 부르짖
나이다
3 나의 왕, 나의 하나님, 만
군의 여호와여 주의 제
단에서 참새도 제 집을
얻고 제비도 새끼 둘 보
금자리를 얻었나이다
4 주의 집에 사는 자들은
복이 있나니 그들이 항
상 주를 찬송하리이다
(셀라)
5 주께 힘을 얻고 그 마음
에 시온의 대로가 있는
자는 복이 있나이다
6 그들이 눈물 골짜기로 지
나갈 때에 그곳에 많은
샘이 있을 것이며 이른
비가 복을 채워 주나이다
7 그들은 힘을 얻고 더 얻
어 나아가 시온에서 하
나님 앞에 각기 나타나
리이다
8 만군의 하나님 여호와여
내 기도를 들으소서 야
곱의 하나님이여 귀를 기
울이소서 (셀라)
9 우리 방패이신 하나님이
여 주께서 기름부으신
자의 얼굴을 살펴 보옵
소서
10 주의 궁정에서의 한 날이
다른 곳에서의 천 날보다
나은즉 악인의 장막에
사는 것보다 내 하나님의
성전 문지기로 있는 것이
좋사오니
11 여호와 하나님은 해요
방패이시라 여호와께서

은혜와 영화를 주시며
정직하게 행하는 자에게
좋은 것을 아끼지 아니
하실 것임이니이다
12 만군의 여호와여 주께
의지하는 자는 복이 있
나이다

85편 고라 자손이 간직해온 시입니다. 바벨로니아로 끌려간 유다 포로들의 1차 귀환 때 지은 시로, 하나님의 은혜를 간구한 공동 기도라고 할 수 있습니다. (에스라 1-3장은 85편을 이해하는 데 도움이 됩니다.)

고라 자손의 시, 인도자를 따라 부르는 노래

1 여호와여 주께서 주의
땅에 은혜를 베푸사 야
곱의 포로 된 자들이 돌
아오게 하셨으며
2 주의 백성의 죄악을 사하
시고 그들의 모든 죄를
덮으셨나이다 (셀라)
3 주의 모든 분노를 거두시
며 주의 진노를 돌이키셨
나이다
4 우리 구원의 하나님이여
우리를 돌이키시고 우리
에게 향하신 주의 분노
를 거두소서
5 주께서 우리에게 영원히
노하시며 대대에 진노하
시겠나이까
6 주께서 우리를 다시 살리
사 주의 백성이 주를 기
뻐하도록 하지 아니하시
겠나이까
7 여호와여 주의 인자하심
을 우리에게 보이시며 주

단어

보금자리(84:3) 살기에 편안하고 아늑한 곳을 비유적으로 이르는 말.
셀라(84:4) 정확한 뜻은 알 수 없지만, '높임', '중지'라는 뜻의 히브리어 '살랄'에서 유래한 것으로 추측되는 음악 용어.
각기(84:7) 저마다 따로따로.

의 구원을 우리에게 주
소서
8 내가 하나님 여호와께서
하실 말씀을 들으리니
무릇 그의 백성, 그의 성
도들에게 화평을 말씀하
실 것이라 그들은 다시
어리석은 데로 돌아가지
말지로다
9 진실로 그의 구원이 그
를 경외하는 자에게 가
까우니 영광이 우리 땅
에 머무르리이다
10 인애와 진리가 같이 만나
고 의와 화평이 서로 입
맞추었으며
11 진리는 땅에서 솟아나고
의는 하늘에서 굽어보
도다
12 여호와께서 좋은 것을
주시리니 우리 땅이 그
산물을 내리로다
13 의가 주의 앞에 앞서 가
며 주의 길을 닦으리로다

86편

86편은 시편 제삼권에 담긴 다윗의 유일한 시입니다. 고난 중에 기록된 비탄의 시로, 다윗은 자신을 괴롭히는 적들의 오만함과 난폭함을 보면서 하나님의 도움과 구원을 외치고 있습니다.

다윗의 기도

1 여호와여 나는 가난하고
궁핍하오니 주의 귀를 기
울여 내게 응답하소서
2 나는 경건하오니 내 영혼
을 보존하소서 내 주 하
나님이여 주를 의지하는
종을 구원하소서
3 주여 내게 은혜를 베푸
소서 내가 종일 주께 부
르짖나이다

4 주여 내 영혼이 주를 우
러러보오니 주여 내 영혼
을 기쁘게 하소서
5 주는 선하사 사죄하기
를 즐거워하시며 주께 부
르짖는 자에게 인자함이
후하심이니이다
6 여호와여 나의 기도에 귀
를 기울이시고 내가 간
구하는 소리를 들으소서
7 나의 환난 날에 내가 주
께 부르짖으리니 주께서
내게 응답하시리이다
8 주여 신들 중에 주와 같
은 자 없사오며 주의 행
하심과 같은 일도 없나
이다
9 주여 주께서 지으신 모
든 민족이 와서 주의 앞
에 경배하며 주의 이름
에 영광을 돌리리이다
10 무릇 주는 위대하사 기이
한 일들을 행하시오니 주
만이 하나님이시니이다
11 여호와여 주의 도를 내
게 가르치소서 내가 주
의 진리에 행하오리니 일
심으로 주의 이름을 경
외하게 하소서
12 주 나의 하나님이여 내가
전심으로 주를 찬송하고
영원토록 주의 이름에
영광을 돌리오리니
13 이는 내게 향하신 주의

단어

산물(85:12) 어떤 지방에서 생산되어 나오는 물건.
우러러보다(86:4) 마음속으로 받들어 공경하다.
후하다(86:5) 인색하지 않고 넉넉하다.
간구하다(86:6) 간절히 바라고 구하다.
기이하다(86:10) 보통과 다르게 유별나고 이상하다.
일심(86:11) 마음을 집중함.

인자하심이 크사 내 영
혼을 깊은 스올에서 건
지셨음이니이다
14 하나님이여 교만한 자들
이 일어나 나를 치고 포
악한 자의 무리가 내 영
혼을 찾았사오며 자기 앞
에 주를 두지 아니하였
나이다
15 그러나 주여 주는 긍휼
히 여기시며 은혜를 베푸
시며 노하기를 더디하시
며 인자와 진실이 풍성하
신 하나님이시오니
16 내게로 돌이키사 내게 은
혜를 베푸소서 주의 종
에게 힘을 주시고 주의
여종의 아들을 구원하
소서
17 은총의 표적을 내게 보이
소서 그러면 나를 미워
하는 그들이 보고 부끄
러워하오리니 여호와여
주는 나를 돕고 위로하
시는 이시니이다

87편

하나님의 성인 예루살렘(시온)이 장차 얻게 될 영광을 노래하고 있습니다. 시인은 예루살렘(시온)을 통해 이스라엘을 핍박하던 세력조차도 구원을 얻고, 하나님을 아는 백성이 될 것을 예언하며 노래하고 있습니다.

고라 자손의 시 곧 노래

1 그의 터전이 성산에 있
음이여
2 여호와께서 야곱의 모든
거처보다 시온의 문들을
사랑하시는도다
3 하나님의 성이여 너를 가
리켜 영광스럽다 말하는
도다 (셀라)
4 나는 라합과 바벨론이

나를 아는 자 중에 있다
말하리라 보라 블레셋과
두로와 구스여 이것들도
거기서 났다 하리로다
5 시온에 대하여 말하기를
이 사람, 저 사람이 거기
서 났다고 말하리니 지
존자가 친히 시온을 세우
리라 하는도다
6 여호와께서 민족들을 등
록하실 때에는 그 수를
세시며 이 사람이 거기서
났다 하시리로다 (셀라)
7 노래하는 자와 뛰어 노
는 자들이 말하기를 나
의 모든 근원이 네게 있
다 하리로다

88편

에스라 사람인 헤만이 병에 걸려 큰 고통과 슬픔 가운데 있었습니다. 그는 하나님이 자신을 불쌍히 여기셔서 치료해 주실 것을 간절히 기도했습니다. 시편 중에서 가장 슬픈 시로 꼽힙니다.

고라 자손의 찬송 시 곧 에스라인 헤만의 마스길, 인도자를 따라 마할랏르안놋에 맞춘 노래

1 여호와 내 구원의 하나님
이여 내가 주야로 주 앞
에서 부르짖었사오니
2 나의 기도가 주 앞에 이
르게 하시며 나의 부르짖
음에 주의 귀를 기울여
주소서
3 무릇 나의 영혼에는 재난
이 가득하며 나의 생명은
스올에 가까웠사오니
4 나는 무덤에 내려가는

단어

스올(86:13) 죽어서 가는 장소. 음부, 무덤, 지옥으로 번역되기도 한다.
더디다(86:15) 걸리는 시간이 오래다.
은총(86:17) 높은 사람에게 받는 특별한 은혜와 사랑. 하나님께 받는 사랑.
친히(87:5) 높은 사람이 자기 몸으로 직접.

자같이 인정되고 힘없는
용사와 같으며
5 죽은 자 중에 던져진 바
되었으며 죽임을 당하여
무덤에 누운 자 같으니이
다 주께서 그들을 다시
기억하지 아니하시니 그
들은 주의 손에서 끊어
진 자니이다
6 주께서 나를 깊은 웅덩
이와 어둡고 음침한 곳
에 두셨사오며
7 주의 노가 나를 심히 누
르시고 주의 모든 파도
가 나를 괴롭게 하셨나
이다 (셀라)
8 주께서 내가 아는 자를
내게서 멀리 떠나게 하시
고 나를 그들에게 가증
한 것이 되게 하셨사오니
나는 갇혀서 나갈 수 없
게 되었나이다
9 곤란으로 말미암아 내
눈이 쇠하였나이다 여호
와여 내가 매일 주를 부
르며 주를 향하여 나의
두 손을 들었나이다
10 주께서 죽은 자에게 기
이한 일을 보이시겠나이
까 유령들이 일어나 주
를 찬송하리이까 (셀라)
11 주의 인자하심을 무덤에
서, 주의 성실하심을 멸
망 중에서 선포할 수 있
으리이까
12 흑암 중에서 주의 기적
과 잊음의 땅에서 주의
공의를 알 수 있으리이까

13 여호와여 오직 내가 주
께 부르짖었사오니 아침
에 나의 기도가 주의 앞
에 이르리이다
14 여호와여 어찌하여 나의
영혼을 버리시며 어찌하
여 주의 얼굴을 내게서
숨기시나이까
15 내가 어릴 적부터 고난을
당하여 죽게 되었사오며
주께서 두렵게 하실 때
에 당황하였나이다
16 주의 진노가 내게 넘치고
주의 두려움이 나를 끊
었나이다
17 이런 일이 물같이 종일
나를 에우며 함께 나를
둘러쌌나이다
18 주는 내게서 사랑하는
자와 친구를 멀리 떠나게
하시며 내가 아는 자를
흑암에 두셨나이다

89편 다윗 왕조가 몰락하여 열방의 모욕거리가 되었음을 탄식하고, 전능하신 하나님께서 다윗과 맺으신 언약(사무엘하 7장)에 따라 다시 다윗 왕조를 회복시켜 주시기를 호소하는 기도시입니다.

에스라인 에단의 마스길

1 내가 여호와의 인자하심
을 영원히 노래하며 주의
성실하심을 내 입으로
대대에 알게 하리이다
2 내가 말하기를 인자하심
을 영원히 세우시며 주
의 성실하심을 하늘에서
견고히 하시리라 하였나

단어

음침하다(88:6) 장소나 그 분위기가 어두컴컴하고 으스스하다.
가증하다(88:8) 괘씸하고 얄밉다.
공의(88:12) 공평하고 의로운 도의.
진노(88:16) 존엄한 존재가 크게 노함.
에우다(88:17) 무엇이 사방을 빙 두르다.

이다
3 주께서 이르시되 나는
내가 택한 자와 언약을
맺으며 내 종 다윗에게
맹세하기를
4 내가 네 자손을 영원히
견고히 하며 네 왕위를
대대에 세우리라 하셨나
이다 (셀라)
5 여호와여 주의 기이한
일을 하늘이 찬양할 것
이요 주의 성실도 거룩
한 자들의 모임 가운데에
서 찬양하리이다
6 무릇 구름 위에서 능히
여호와와 비교할 자 누구
며 신들 중에서 여호와와
같은 자 누구리이까
7 하나님은 거룩한 자의 모
임 가운데에서 매우 무
서워할 이시오며 둘러 있
는 모든 자 위에 더욱 두
려워할 이시니이다
8 여호와 만군의 하나님이
여 주와 같이 능력 있는
이가 누구리이까 여호와
여 주의 성실하심이 주
를 둘렀나이다
9 주께서 바다의 파도를 다
스리시며 그 파도가 일어
날 때에 잔잔하게 하시나
이다
10 주께서 라합을 죽임 당
한 자같이 깨뜨리시고
주의 원수를 주의 능력
의 팔로 흩으셨나이다
11 하늘이 주의 것이요 땅
도 주의 것이라 세계와

그 중에 충만한 것을 주
께서 건설하셨나이다
12 남북을 주께서 창조하셨
으니 다볼과 헤르몬이
주의 이름으로 말미암아
즐거워하나이다
13 주의 팔에 능력이 있사오
며 주의 손은 강하고 주
의 오른손은 높이 들리
우셨나이다
14 의와 공의가 주의 보좌
의 기초라 인자함과 진실
함이 주 앞에 있나이다
15 즐겁게 소리칠 줄 아는
백성은 복이 있나니 여
호와여 그들이 주의 얼
굴 빛 안에서 다니리로다
16 그들은 종일 주의 이름 때
문에 기뻐하며 주의 공의
로 말미암아 높아지오니
17 주는 그들의 힘의 영광이
심이라 우리의 뿔이 주의
은총으로 높아지오리니
18 우리의 방패는 여호와께
속하였고 우리의 왕은 이
스라엘의 거룩한 이에게
속하였기 때문이니이다
19 그때에 주께서 환상 중
에 주의 성도들에게 말
씀하여 이르시기를 내가
능력 있는 용사에게는
돕는 힘을 더하며 백성
중에서 택함 받은 자를
높였으되

단어

능히(89:6) 막히거나 서투른 데가 없이.

라합(89:10) 고대 근동 지방의 신화 속에 나오는 바다 괴물. 하나님의 전능하심을 묘사하는 시적인 표현으로 이런 괴물을 언급하기도 하였다.

은총(89:17) 높은 사람에게 받는 특별한 은혜와 사랑. 하나님께 받는 사랑.

20 내가 내 종 다윗을 찾아
내어 나의 거룩한 기름
을 그에게 부었도다
21 내 손이 그와 함께 하여
견고하게 하고 내 팔이
그를 힘이 있게 하리로다
22 원수가 그에게서 강탈하
지 못하며 악한 자가 그
를 곤고하게 못하리로다
23 내가 그의 앞에서 그 대
적들을 박멸하며 그를 미
워하는 자들을 치려니와
24 나의 성실함과 인자함이
그와 함께 하리니 내 이
름으로 말미암아 그의
뿔이 높아지리로다
25 내가 또 그의 손을 바다
위에 놓으며 오른손을
강들 위에 놓으리니

26 그가 내게 부르기를 주
는 나의 아버지시요 나의
하나님이시요 나의 구원
의 바위시라 하리로다
27 내가 또 그를 장자로 삼
고 세상 왕들에게 지존
자가 되게 하며
28 그를 위하여 나의 인자
함을 영원히 지키고 그
와 맺은 나의 언약을 굳
게 세우며
29 또 그의 후손을 영구하
게 하여 그의 왕위를 하
늘의 날과 같게 하리로다
30 만일 그의 자손이 내 법
을 버리며 내 규례대로
행하지 아니하며
31 내 율례를 깨뜨리며 내
계명을 지키지 아니하면

32 내가 회초리로 그들의 죄
를 다스리며 채찍으로 그
들의 죄악을 벌하리로다
33 그러나 나의 인자함을 그
에게서 다 거두지는 아니
하며 나의 성실함도 폐하
지 아니하며
34 내 언약을 깨뜨리지 아니
하고 내 입술에서 낸 것
은 변하지 아니하리로다
35 내가 나의 거룩함으로
한 번 맹세하였은즉 다
윗에게 거짓말을 하지 아
니할 것이라
36 그의 후손이 장구하고
그의 왕위는 해같이 내
앞에 항상 있으며
37 또 궁창의 확실한 증인인
달같이 영원히 견고하게
되리라 하셨도다 (셀라)
38 그러나 주께서 주의 기름
부음 받은 자에게 노하사
물리치셔서 버리셨으며
39 주의 종의 언약을 미워하
사 그의 관을 땅에 던져
욕되게 하셨으며
40 그의 모든 울타리를 파괴
하시며 그 요새를 무너뜨
리셨으므로
41 길로 지나가는 자들에게
다 탈취를 당하며 그의
이웃에게 욕을 당하나
이다
42 주께서 그의 대적들의 오

단어

강탈하다(89:22) 다른 사람에게서 무엇을 강제로 빼앗다.
박멸하다(89:23) 모조리 때려잡아 없애다.
영구하다(89:29) 끝없이 지속되거나 변함이 없다.
욕되다(89:39) 부끄럽고 명예롭지 못하다.
탈취(89:41) 남의 돈이나 물건을 강제로 빼앗아 가짐.

른손을 높이시고 그들의
모든 원수들은 기쁘게
하셨으나
43 그의 칼날은 둔하게 하사
그가 전장에서 더 이상
버티지 못하게 하셨으며
44 그의 영광을 그치게 하
시고 그의 왕위를 땅에
엎으셨으며
45 그의 젊은 날들을 짧게
하시고 그를 수치로 덮으
셨나이다 (셀라)
46 여호와여 언제까지니이
까 스스로 영원히 숨기시
리이까 주의 노가 언제까
지 불붙듯 하시겠나이까
47 나의 때가 얼마나 짧은
지 기억하소서 주께서 모
든 사람을 어찌 그리 허
무하게 창조하셨는지요
48 누가 살아서 죽음을 보
지 아니하고 자기의 영혼
을 스올의 권세에서 건지
리이까 (셀라)
49 주여 주의 성실하심으로
다윗에게 맹세하신 그 전
의 인자하심이 어디 있나
이까
50 주는 주의 종들이 받은
비방을 기억하소서 많은
민족의 비방이 내 품에
있사오니
51 여호와여 이 비방은 주
의 원수들이 주의 기름
부음 받은 자의 행동을
비방한 것이로소이다
52 여호와를 영원히 찬송할
지어다 아멘 아멘

제사권

90편 시편에 있는 유일한 모세의 시로, 하나님의 진노 아래에서 죽음을 피할 수 없는 인간은 허무하게 살 수 밖에 없음을 말하며, 하나님을 떠나서는 참된 소망을 가질 수 없다는 것을 교훈하고 있습니다.

하나님의 사람 모세의 기도

1 주여 주는 대대에 우리
의 거처가 되셨나이다
2 산이 생기기 전, 땅과 세
계도 주께서 조성하시기
전 곧 영원부터 영원까지
주는 하나님이시니이다
3 주께서 사람을 티끌로
돌아가게 하시고 말씀하
시기를 너희 인생들은
돌아가라 하셨사오니
4 주의 목전에는 천 년이
지나간 어제 같으며 밤
의 한 순간 같을 뿐임이
니이다
5 주께서 그들을 홍수처럼
쓸어가시나이다 그들은
잠깐 자는 것 같으며 아
침에 돋는 풀 같으니이다
6 풀은 아침에 꽃이 피어
자라다가 저녁에는 시들
어 마르나이다
7 우리는 주의 노에 소멸되
며 주의 분내심에 놀라
나이다
8 주께서 우리의 죄악을 주
의 앞에 놓으시며 우리의

단어

스올(89:48) 죽어서 가는 장소. 음부, 무덤, 지옥으로 번역되기도 한다.
비방(89:50) 남을 헐뜯고 비난하여 말함.
조성하다(90:2) 어떤 물체를 여러 가지 요소나 성분으로 짜맞추거나 만들다.
목전(90:4) 눈으로 볼 수 있는 아주 가까운 곳.

은밀한 죄를 주의 얼굴
빛 가운데에 두셨사오니
9 우리의 모든 날이 주의
분노 중에 지나가며 우리
의 평생이 순식간에 다
하였나이다
10 우리의 연수가 칠십이요
강건하면 팔십이라도 그
연수의 자랑은 수고와
슬픔뿐이요 신속히 가니
우리가 날아가나이다
11 누가 주의 노여움의 능력
을 알며 누가 주의 진노
의 두려움을 알리이까
12 우리에게 우리 날 계수
함을 가르치사 지혜로운
마음을 얻게 하소서
13 여호와여 돌아오소서 언
제까지니이까 주의 종들
을 불쌍히 여기소서
14 아침에 주의 인자하심이
우리를 만족하게 하사 우
리를 일생 동안 즐겁고
기쁘게 하소서
15 우리를 괴롭게 하신 날수
대로와 우리가 화를 당
한 연수대로 우리를 기쁘
게 하소서
16 주께서 행하신 일을 주
의 종들에게 나타내시며
주의 영광을 그들의 자
손에게 나타내소서
17 주 우리 하나님의 은총
을 우리에게 내리게 하사
우리의 손이 행한 일을
우리에게 견고하게 하소
서 우리의 손이 행한 일
을 견고하게 하소서

91편

저자와 배경에 관해 알려진 것이 전혀 없는 91편은 익명의 제사장이나 레위인이 지은 것으로 추측합니다. 하나님을 의지하는 사람의 적극적인 삶과 승리를 노래한 찬송시이자 지혜시입니다.

1 지존자의 은밀한 곳에
거주하며 전능자의 그늘
아래에 사는 자여,
2 나는 여호와를 향하여 말
하기를 그는 나의 피난처
요 나의 요새요 내가 의뢰
하는 하나님이라 하리니
3 이는 그가 너를 새 사냥
꾼의 올무에서와 심한 전
염병에서 건지실 것임이
로다
4 그가 너를 그의 깃으로
덮으시리니 네가 그의 날
개 아래에 피하리로다
그의 진실함은 방패와
손 방패가 되시나니
5 너는 밤에 찾아오는 공
포와 낮에 날아드는 화
살과
6 어두울 때 퍼지는 전염병
과 밝을 때 닥쳐오는 재
앙을 두려워하지 아니하
리로다
7 천 명이 네 왼쪽에서, 만
명이 네 오른쪽에서 엎
드러지나 이 재앙이 네게
가까이하지 못하리로다
8 오직 너는 똑똑히 보리니
악인들의 보응을 네가 보
리로다
9 네가 말하기를 여호와는

단어

연수(90:10) 사람의 수명.
강건하다(90:10) 굳세고 건전하다.
은총(90:17) 높은 사람에게 받는 특별한 은혜와 사랑. 하나님께 받는 사랑.
보응(91:8) 그 원인과 결과에 따라 은혜와 원한을 자기가 입었던 것만큼 갚음.

나의 피난처시라 하고 지
존자를 너의 거처로 삼
았으므로
10 화가 네게 미치지 못하며
재앙이 네 장막에 가까
이 오지 못하리니
11 그가 너를 위하여 그의
천사들을 명령하사 네
모든 길에서 너를 지키게
하심이라
12 그들이 그들의 손으로
너를 붙들어 발이 돌에
부딪히지 아니하게 하리
로다
13 네가 사자와 독사를 밟
으며 젊은 사자와 뱀을
발로 누르리로다
14 하나님이 이르시되 그가
나를 사랑한즉 내가 그
를 건지리라 그가 내 이
름을 안즉 내가 그를 높
이리라
15 그가 내게 간구하리니 내
가 그에게 응답하리라 그
들이 환난 당할 때에 내
가 그와 함께 하여 그를
건지고 영화롭게 하리라
16 내가 그를 장수하게 함으
로 그를 만족하게 하며
나의 구원을 그에게 보이
리라 하시도다

92편 이스라엘 백성이 안식일 아침 희생 제사를 드릴 때 부른 찬송시입니다. 악인을 멸하시고, 의인을 영화롭게 하시는 하나님의 의로우심과 공의를 높이 찬양하며 감사를 고백하고 있습니다.

안식일의 찬송 시

1-3 지존자여 십현금과 비파
와 수금으로 여호와께
감사하며 주의 이름을

찬양하고 아침마다 주의
인자하심을 알리며 밤마
다 주의 성실하심을 베
풂이 좋으니이다
4 여호와여 주께서 행하신
일로 나를 기쁘게 하셨
으니 주의 손이 행하신
일로 말미암아 내가 높
이 외치리이다
5 여호와여 주께서 행하신
일이 어찌 그리 크신지요
주의 생각이 매우 깊으시
니이다
6 어리석은 자도 알지 못하
며 무지한 자도 이를 깨
닫지 못하나이다
7 악인들은 풀같이 자라고
악을 행하는 자들은 다
흥왕할지라도 영원히 멸
망하리이다
8 여호와여 주는 영원토록
지존하시니이다
9 여호와여 주의 원수들은
패망하리이다 정녕 주의
원수들은 패망하리니 죄
악을 행하는 자들은 다
흩어지리이다
10 그러나 주께서 내 뿔을
들소의 뿔같이 높이셨으
며 내게 신선한 기름을
부으셨나이다
11 내 원수들이 보응 받는
것을 내 눈으로 보며 일
어나 나를 치는 행악자

단어

화(91:10) 온갖 재앙.
영화롭다(91:15) 몸이 귀하게 되어 이름이 세상에 드러나고 빛날 만하다.
흥왕하다(92:7) 번창하고 왕성하다.
패망하다(92:9) 싸움에서 져서 망하다.
정녕(92:9) 거짓이 없이 진실하게.

들이 보응 받는 것을 내
귀로 들었도다
12 의인은 종려나무같이 번
성하며 레바논의 백향목
같이 성장하리로다
13 이는 여호와의 집에 심겼
음이여 우리 하나님의 뜰
안에서 번성하리로다
14 그는 늙어도 여전히 결실
하며 진액이 풍족하고 빛
이 청청하니
15 여호와의 정직하심과 나
의 바위 되심과 그에게는
불의가 없음이 선포되리
로다

93편

47편과 마찬가지로 하나님이 온 세상의 모든 만물을 다스리시는 분이심을 찬양하는 시입니다. 시인은 하나님의 영원무궁하시고 위대하신 능력을 소리 높여 찬양하고 있습니다.

1 여호와께서 다스리시니
스스로 권위를 입으셨
도다 여호와께서 능력의
옷을 입으시며 띠를 띠
셨으므로 세계도 견고히
서서 흔들리지 아니하는
도다
2 주의 보좌는 예로부터
견고히 섰으며 주는 영원
부터 계셨나이다
3 여호와여 큰 물이 소리
를 높였고 큰 물이 그 소
리를 높였으니 큰 물이
그 물결을 높이나이다
4 높이 계신 여호와의 능력
은 많은 물 소리와 바다
의 큰 파도보다 크니이다
5 여호와여 주의 증거들이
매우 확실하고 거룩함이
주의 집에 합당하니 여

호와는 영원무궁하시리
이다

94편

의인이 악인에 의해 억울하게 고통당하는 현실을 보면서, 하나님이 개입하셔서 악인을 심판하시고 의인을 구원해 주실 것을 간구하는 시입니다. 또한 악인에 대한 하나님의 심판을 경고하고 있습니다.

1 여호와여 복수하시는 하
나님이여 복수하시는 하
나님이여 빛을 비추어 주
소서
2 세계를 심판하시는 주여
일어나사 교만한 자들에
게 마땅한 벌을 주소서
3 여호와여 악인이 언제까
지, 악인이 언제까지 개
가를 부르리이까
4 그들이 마구 지껄이며 오
만하게 떠들며 죄악을 행
하는 자들이 다 자만하
나이다
5 여호와여 그들이 주의
백성을 짓밟으며 주의 소
유를 곤고하게 하며
6 과부와 나그네를 죽이며
고아들을 살해하며
7 말하기를 여호와가 보지
못하며 야곱의 하나님이
알아차리지 못하리라 하
나이다
8 백성 중의 어리석은 자
들아 너희는 생각하라
무지한 자들아 너희가
언제나 지혜로울까
9 귀를 지으신 이가 듣지
아니하시랴 눈을 만드신

단어

번성하다(92:12) 우거져 무성하다.
진액(92:14) 생물의 몸 안에서 생겨나는 액체.
마땅하다(94:2) 그렇게 하는 것이 당연하다.
개가(94:3) 싸움에 이기고 돌아오는 것을 축하하며 부르는 노래.
곤고하다(94:5) 형편이나 처지가 어렵고 고생스럽다.

이가 보지 아니하시랴
10 뭇 백성을 징벌하시는 이
곧 지식으로 사람을 교
훈하시는 이가 징벌하지
아니하시랴
11 여호와께서는 사람의 생
각이 허무함을 아시느니
라
12 여호와여 주로부터 징벌
을 받으며 주의 법으로
교훈하심을 받는 자가
복이 있나니
13 이런 사람에게는 환난의
날을 피하게 하사 악인
을 위하여 구덩이를 팔
때까지 평안을 주시리이
다
14 여호와께서는 자기 백성
을 버리지 아니하시며 자
기의 소유를 외면하지 아
니하시리로다
15 심판이 의로 돌아가리니
마음이 정직한 자가 다
따르리로다
16 누가 나를 위하여 일어나
서 행악자들을 치며 누가
나를 위하여 일어나서 악
행하는 자들을 칠까
17 여호와께서 내게 도움이
되지 아니하셨더면 내 영
혼이 벌써 침묵 속에 잠
겼으리로다
18 여호와여 나의 발이 미
끄러진다고 말할 때에 주
의 인자하심이 나를 붙
드셨사오며
19 내 속에 근심이 많을 때
에 주의 위안이 내 영혼

을 즐겁게 하시나이다
20 율례를 빙자하고 재난을
꾸미는 악한 재판장이
어찌 주와 어울리리이까
21 그들이 모여 의인의 영혼
을 치려 하며 무죄한 자
를 정죄하여 피를 흘리려
하나
22 여호와는 나의 요새이시
요 나의 하나님은 내가
피할 반석이시라
23 그들의 죄악을 그들에게
로 되돌리시며 그들의 악
으로 말미암아 그들을
끊으시리니 여호와 우리
하나님이 그들을 끊으시
리로다

95편

하나님이 온 세상을 다스리심을 찬양하며 함께 감사를 드리자고 백성을 초대하는 한편, 과거 이스라엘의 불순종에 대한 역사를 돌아보며 하나님께 순종하고 진정한 예배를 드릴 것을 권합니다.

1 오라 우리가 여호와께 노
래하며 우리의 구원의 반
석을 향하여 즐거이 외
치자
2 우리가 감사함으로 그 앞
에 나아가며 시를 지어
즐거이 그를 노래하자
3 여호와는 크신 하나님이
시요 모든 신들보다 크신
왕이시기 때문이로다
4 땅의 깊은 곳이 그의 손
안에 있으며 산들의 높
은 곳도 그의 것이로다
5 바다도 그의 것이라 그

단어

징벌하다(94:10) 부정한 행위를 한 사람이나 단체를 경계하고 벌을 주다.
외면하다(94:14) 상대한 사람과 마주 대하기를 꺼리어 얼굴을 다른 쪽으로 돌려 버리다.
근심(94:19) 해결되지 않은 일 때문에 속을 태우거나 우울해함.

가 만드셨고 육지도 그의
손이 지으셨도다
6 오라 우리가 굽혀 경배하
며 우리를 지으신 여호
와 앞에 무릎을 꿇자
7 그는 우리의 하나님이시
요 우리는 그가 기르시
는 백성이며 그의 손이
돌보시는 양이기 때문이
라 너희가 오늘 그의 음
성을 듣거든
8 너희는 므리바에서와 같
이 또 광야의 맛사에서
지냈던 날과 같이 너희
마음을 완악하게 하지
말지어다
9 그때에 너희 조상들이
내가 행한 일을 보고서
도 나를 시험하고 조사
하였도다
10 내가 사십 년 동안 그 세
대로 말미암아 근심하여
이르기를 그들은 마음이
미혹된 백성이라 내 길을
알지 못한다 하였도다
11 그러므로 내가 노하여 맹
세하기를 그들은 내 안
식에 들어오지 못하리라
하였도다

96편

하나님의 위대하심과 다스리심을 찬양하는 시입니다. 온 땅의 모든 피조물에게 온 우주를 통치하실 뿐만 아니라 모든 이방신보다 위대하신 하나님을 찬양하라고 말하고 있습니다.

1 새 노래로 여호와께 노래
하라 온 땅이여 여호와
께 노래할지어다
2 여호와께 노래하여 그의
이름을 송축하며 그의
구원을 날마다 전파할지

어다
3 그의 영광을 백성들 가
운데에, 그의 기이한 행
적을 만민 가운데에 선
포할지어다
4 여호와는 위대하시니 지
극히 찬양할 것이요 모
든 신들보다 경외할 것임
이여
5 만국의 모든 신들은 우상
들이지만 여호와께서는
하늘을 지으셨음이로다
6 존귀와 위엄이 그의 앞
에 있으며 능력과 아름
다움이 그의 성소에 있
도다
7 만국의 족속들아 영광
과 권능을 여호와께 돌
릴지어다 여호와께 돌릴
지어다
8 여호와의 이름에 합당한
영광을 그에게 돌릴지어
다 예물을 들고 그의 궁
정에 들어갈지어다
9 아름답고 거룩한 것으로
여호와께 예배할지어다
온 땅이여 그 앞에서 떨
지어다
10 모든 나라 가운데서 이
르기를 여호와께서 다스
리시니 세계가 굳게 서고
흔들리지 않으리라 그가
만민을 공평하게 심판하
시리라 할지로다

단어

미혹되다(95:10) 사람이 무엇에 마음이 흐려지도록 홀리다.
성소(96:6) 제사장이 하나님께 제물을 바치고 의식을 행하던 거룩한 곳.
예물(96:8) 감사의 뜻이나 예의의 표시로서 주는 돈이나 물건.

11 하늘은 기뻐하고 땅은 즐
거워하며 바다와 거기에
충만한 것이 외치고
12 밭과 그 가운데에 있는
모든 것은 즐거워할지로
다 그때 숲의 모든 나무
들이 여호와 앞에서 즐거
이 노래하리니
13 그가 임하시되 땅을 심판
하러 임하실 것임이라 그
가 의로 세계를 심판하
시며 그의 진실하심으로
백성을 심판하시리로다

97편

장차 하나님이 세상 모든 사람들을 심판하실 때, 악인은 부끄러움을 당하고 의인은 기뻐하게 될 것을 기대하면서 찬양하는 시입니다. 악을 미워하고 선에 속해 장차 임할 기쁨을 누리도록 권합니다.

1 여호와께서 다스리시나
니 땅은 즐거워하며 허다
한 섬은 기뻐할지어다
2 구름과 흑암이 그를 둘
렀고 의와 공평이 그의
보좌의 기초로다
3 불이 그의 앞에서 나와
사방의 대적들을 불사르
시는도다
4 그의 번개가 세계를 비추
니 땅이 보고 떨었도다
5 산들이 여호와의 앞 곧
온 땅의 주 앞에서 밀랍
같이 녹았도다
6 하늘이 그의 의를 선포
하니 모든 백성이 그의
영광을 보았도다
7 조각한 신상을 섬기며 허
무한 것으로 자랑하는
자는 다 수치를 당할 것
이라 너희 신들아 여호와
께 경배할지어다

8 여호와여 시온이 주의
심판을 듣고 기뻐하며 유
다의 딸들이 즐거워하였
나이다
9 여호와여 주는 온 땅 위
에 지존하시고 모든 신들
보다 위에 계시니이다
10 여호와를 사랑하는 너희
여 악을 미워하라 그가
그의 성도의 영혼을 보
전하사 악인의 손에서 건
지시느니라
11 의인을 위하여 빛을 뿌리
고 마음이 정직한 자를
위하여 기쁨을 뿌리시는
도다
12 의인이여 너희는 여호와
로 말미암아 기뻐하며
그의 거룩한 이름에 감
사할지어다

98편 이스라엘의 역사 속에서 구원을 베풀어 주신 하나님을 찬양하라고 강권합니다. 모든 나라와 온 세계가 그 구원을 알고 있기에, 자연 세계까지도 하나님을 찬양할 것을 선포하고 있습니다.

시

1 새 노래로 여호와께 찬
송하라 그는 기이한 일
을 행하사 그의 오른손
과 거룩한 팔로 자기를
위하여 구원을 베푸셨음
이로다
2 여호와께서 그의 구원을
알게 하시며 그의 공의
를 뭇 나라의 목전에서
명백히 나타내셨도다

단어

임하다(96:13) 윗사람이 어디에 이르러 다다르다.
허다하다(97:1) 수량이 매우 많고 흔하다.
흑암(97:2) 매우 껌껌하고 어두움.
신상(97:7) 신의 형상을 나타낸 그림이나 조각.
지존하다(97:9) 더없이 존귀하다.
목전(98:2) 눈으로 볼 수 있는 아주 가까운 곳.

3 그가 이스라엘의 집에
베푸신 인자와 성실을
기억하셨으므로 땅 끝까
지 이르는 모든 것이 우
리 하나님의 구원을 보
았도다
4 온 땅이여 여호와께 즐거
이 소리칠지어다 소리 내
어 즐겁게 노래하며 찬
송할지어다
5 수금으로 여호와를 노래
하라 수금과 음성으로
노래할지어다
6 나팔과 호각 소리로 왕
이신 여호와 앞에 즐겁
게 소리칠지어다
7 바다와 거기 충만한 것과
세계와 그 중에 거주하
는 자는 다 외칠지어다
8 여호와 앞에서 큰 물은
박수할지어다 산악이 함
께 즐겁게 노래할지어다
9 그가 땅을 심판하러 임
하실 것임이로다 그가 의
로 세계를 판단하시며
공평으로 그의 백성을
심판하시리로다

99편

만민을 공의로 통치하시며 당신의 택한 백성을 돌보시는 하나님의 거룩하심을 찬양하고 있습니다. 세 개의 단락으로 나뉘어 있는데, 각 단락의 마지막에는 찬양으로의 초대가 후렴으로 나옵니다.

1 여호와께서 다스리시니
만민이 떨 것이요 여호
와께서 그룹 사이에 좌
정하시니 땅이 흔들릴
것이로다
2 시온에 계시는 여호와는
위대하시고 모든 민족보
다 높으시도다

3 주의 크고 두려운 이름
을 찬송할지니 그는 거룩
하심이로다
4 능력 있는 왕은 정의를
사랑하느니라 주께서 공
의를 견고하게 세우시고
주께서 야곱에게 정의와
공의를 행하시나이다
5 너희는 여호와 우리 하나
님을 높여 그의 발등상
앞에서 경배할지어다 그
는 거룩하시도다
6 그의 제사장들 중에는
모세와 아론이 있고 그
의 이름을 부르는 자들
중에는 사무엘이 있도다
그들이 여호와께 간구하
매 응답하셨도다
7 여호와께서 구름 기둥
가운데서 그들에게 말씀
하시니 그들은 그가 그
들에게 주신 증거와 율
례를 지켰도다
8 여호와 우리 하나님이여
주께서는 그들에게 응답
하셨고 그들의 행한 대
로 갚기는 하셨으나 그
들을 용서하신 하나님이
시니이다
9 너희는 여호와 우리 하나
님을 높이고 그 성산에
서 예배할지어다 여호와
우리 하나님은 거룩하심
이로다

단어

호각(98:6) 불면 호로록 소리를 내는 자그마한 도구.
그룹(99:1) 날개가 달린 천상의 피조물.
발등상(99:5) 나무를 상 모양으로 짜 만들어 발을 올려놓는 데 쓰는 가구.
제사장(99:6) 하나님께 백성을 대신하여 제사를 드리던 사람.

100편

성전에서 감사제를 드릴 때 부른 시로 추측합니다. 앞부분은 하나님을 찬양하도록 선포하고 있습니다. 뒷부분은 하나님의 선하심과 인자하심을 성가대가 찬양하며 부른 것으로 보는 견해가 있습니다.

감사의 시

1 온 땅이여 여호와께 즐거
운 찬송을 부를지어다
2 기쁨으로 여호와를 섬기
며 노래하면서 그의 앞
에 나아갈지어다
3 여호와가 우리 하나님이
신 줄 너희는 알지어다
그는 우리를 지으신 이요
우리는 그의 것이니 그의
백성이요 그의 기르시는
양이로다
4 감사함으로 그의 문에
들어가며 찬송함으로 그
의 궁정에 들어가서 그에
게 감사하며 그의 이름
을 송축할지어다
5 여호와는 선하시니 그의
인자하심이 영원하고 그
의 성실하심이 대대에 이
르리로다

101편

하나님은 이스라엘의 왕을 친히 택하셔서 하나님의 방법대로 나라를 다스리게 하셨습니다. 왕이 된 다윗은 이스라엘을 하나님의 공의와 정의에 근거해 다스릴 것을 다짐하며 선포합니다.

다윗의 시

1 내가 인자와 정의를 노래
하겠나이다 여호와여 내
가 주께 찬양하리이다
2 내가 완전한 길을 주목하
오리니 주께서 어느 때나
내게 임하시겠나이까 내
가 완전한 마음으로 내
집 안에서 행하리이다
3 나는 비천한 것을 내 눈
앞에 두지 아니할 것이요

배교자들의 행위를 내가
미워하오리니 나는 그 어
느 것도 붙들지 아니하리
이다
4 사악한 마음이 내게서
떠날 것이니 악한 일을
내가 알지 아니하리로다
5 자기의 이웃을 은근히
헐뜯는 자를 내가 멸할
것이요 눈이 높고 마음
이 교만한 자를 내가 용
납하지 아니하리로다
6 내 눈이 이 땅의 충성된
자를 살펴 나와 함께 살
게 하리니 완전한 길에
행하는 자가 나를 따르
리로다
7 거짓을 행하는 자는 내
집 안에 거주하지 못하
며 거짓말하는 자는 내
목전에 서지 못하리로다
8 아침마다 내가 이 땅의
모든 악인을 멸하리니
악을 행하는 자는 여호
와의 성에서 다 끊어지리
로다

102편 시인은 꽤 오랜 시간동안 어려움을 겪으며 고통스러워하고 있습니다. 그러나 빈궁한 자와 갇힌 자의 기도를 들으시는 하나님을 찬양하며 하나님께서 반드시 응답하실 것이란 믿음을 보여줍니다.

고난 당한 자가 마음이 상하여 그의 근심을 여호와 앞에 토로하는 기도

1 여호와여 내 기도를 들
으시고 나의 부르짖음을
주께 상달하게 하소서

단어

주목하다(101:2) 관심을 가지고 주의해 보거나 살피다.
비천하다(101:3) 낮고 보잘것없다.
배교자(101:3) 믿던 종교를 버렸거나 다른 종교로 바꾼 사람.
목전(101:7) 눈으로 볼 수 있는 아주 가까운 곳.
상달하다(102:1) 말이나 글로 여쭈어 알려 드리다.

2 나의 괴로운 날에 주의
얼굴을 내게서 숨기지 마
소서 주의 귀를 내게 기
울이사 내가 부르짖는 날
에 속히 내게 응답하소서
3 내 날이 연기같이 소멸하
며 내 뼈가 숯같이 탔음
이니이다
4 내가 음식 먹기도 잊었으
므로 내 마음이 풀같이
시들고 말라 버렸사오며
5 나의 탄식 소리로 말미암
아 나의 살이 뼈에 붙었
나이다
6 나는 광야의 올빼미 같
고 황폐한 곳의 부엉이같
이 되었사오며
7 내가 밤을 새우니 지붕
위의 외로운 참새 같으니
이다
8 내 원수들이 종일 나를
비방하며 내게 대항하여
미칠 듯이 날뛰는 자들
이 나를 가리켜 맹세하
나이다
9 나는 재를 양식같이 먹
으며 나는 눈물 섞인 물
을 마셨나이다
10 주의 분노와 진노로 말
미암음이라 주께서 나를
들어서 던지셨나이다
11 내 날이 기울어지는 그림
자 같고 내가 풀의 시들
어짐 같으니이다
12 여호와여 주는 영원히
계시고 주에 대한 기억은
대대에 이르리이다
13 주께서 일어나사 시온을

긍휼히 여기시리니 지금
은 그에게 은혜를 베푸
실 때라 정한 기한이 다
가옴이니이다
14 주의 종들이 시온의 돌
들을 즐거워하며 그의
티끌도 은혜를 받나이다
15 이에 뭇 나라가 여호와
의 이름을 경외하며 이
땅의 모든 왕들이 주의
영광을 경외하리니
16 여호와께서 시온을 건설
하시고 그의 영광 중에
나타나셨음이라
17 여호와께서 빈궁한 자의
기도를 돌아보시며 그들
의 기도를 멸시하지 아니
하셨도다
18 이 일이 장래 세대를 위
하여 기록되리니 창조함
을 받을 백성이 여호와
를 찬양하리로다
19 여호와께서 그의 높은 성
소에서 굽어보시며 하늘
에서 땅을 살펴 보셨으니
20 이는 갇힌 자의 탄식을
들으시며 죽이기로 정한
자를 해방하사
21 여호와의 이름을 시온에
서, 그 영예를 예루살렘
에서 선포하게 하려 하심
이라
22 그때에 민족들과 나라들
이 함께 모여 여호와를

단어

황폐하다(102:6) 거칠어져 못 쓰게 되다.
재(102:9) 물건이 불에 다 타고 난 뒤에 남는 가루.
티끌(102:14) 공기 속에 섞여 날리거나 물체 위에 쌓이는 매우 잘고 가벼운 물질.
빈궁하다(102:17) 가난하여 살기가 어렵다.
장래(102:18) 다가올 앞날.

섬기리로다

23 그가 내 힘을 중도에 쇠
약하게 하시며 내 날을
짧게 하셨도다

24 나의 말이 나의 하나님이
여 나의 중년에 나를 데
려가지 마옵소서 주의
연대는 대대에 무궁하니
이다

25 주께서 옛적에 땅의 기초
를 놓으셨사오며 하늘도
주의 손으로 지으신 바니
이다

26 천지는 없어지려니와 주
는 영존하시겠고 그것들
은 다 옷같이 낡으리니
의복같이 바꾸시면 바뀌
려니와

27 주는 한결같으시고 주의
연대는 무궁하리이다

28 주의 종들의 자손은 항
상 안전히 거주하고 그의
후손은 주 앞에 굳게 서
리이다 하였도다

103편

다윗은 하나님께서 자신의 인생과 이스라엘 민족에게 그동안 베푸신 큰 은혜와 사랑, 기도의 응답, 용서, 그리고 언약을 신실하게 지키심에 대해 감사하며 찬양하고 있습니다.

다윗의 시

1 내 영혼아 여호와를 송
축하라 내 속에 있는 것
들아 다 그의 거룩한 이
름을 송축하라

2 내 영혼아 여호와를 송
축하며 그의 모든 은택
을 잊지 말지어다

3 그가 네 모든 죄악을 사
하시며 네 모든 병을 고
치시며

4 네 생명을 파멸에서 속
량하시고 인자와 긍휼로
관을 씌우시며
5 좋은 것으로 네 소원을
만족하게 하사 네 청춘
을 독수리같이 새롭게
하시는도다
6 여호와께서 공의로운 일
을 행하시며 억압 당하
는 모든 자를 위하여 심
판하시는도다
7 그의 행위를 모세에게,
그의 행사를 이스라엘
자손에게 알리셨도다
8 여호와는 긍휼이 많으시
고 은혜로우시며 노하기
를 더디 하시고 인자하심
이 풍부하시도다
9 자주 경책하지 아니하시
며 노를 영원히 품지 아
니하시리로다
10 우리의 죄를 따라 우리
를 처벌하지는 아니하시
며 우리의 죄악을 따라
우리에게 그대로 갚지는
아니하셨으니
11 이는 하늘이 땅에서 높
음같이 그를 경외하는
자에게 그의 인자하심이
크심이로다
12 동이 서에서 먼 것같이
우리의 죄과를 우리에게
서 멀리 옮기셨으며
13 아버지가 자식을 긍휼히

단어

중도(102:23) 어떤 일이 아직 끝나지 않아 진행 중인 상황.
무궁하다(102:24) 크기나 정도 따위가 끝이 없다.
영존하다(102:26) 영원히 존재하다.
더디(103:8) 시간의 흐름이나 속도 따위가 느리게.
경책하다(103:9) 정신을 차리도록 꾸짖다.

여김같이 여호와께서는
자기를 경외하는 자를
긍휼히 여기시나니
14 이는 그가 우리의 체질
을 아시며 우리가 단지
먼지뿐임을 기억하심이
로다
15 인생은 그날이 풀과 같으
며 그 영화가 들의 꽃과
같도다
16 그것은 바람이 지나가면
없어지나니 그 있던 자리
도 다시 알지 못하거니와
17 여호와의 인자하심은 자
기를 경외하는 자에게
영원부터 영원까지 이르
며 그의 의는 자손의 자
손에게 이르리니
18 곧 그의 언약을 지키고
그의 법도를 기억하여 행
하는 자에게로다
19 여호와께서 그의 보좌를
하늘에 세우시고 그의
왕권으로 만유를 다스리
시도다
20 능력이 있어 여호와의 말
씀을 행하며 그의 말씀
의 소리를 듣는 여호와
의 천사들이여 여호와를
송축하라
21 그에게 수종들며 그의
뜻을 행하는 모든 천군
이여 여호와를 송축하라
22 여호와의 지으심을 받고
그가 다스리시는 모든
곳에 있는 너희여 여호
와를 송축하라 내 영혼
아 여호와를 송축하라

104편

세상을 다스리시는 하나님의 위대하심을 찬양하고 있습니다. 천지창조의 흐름대로 모든 과정마다 위대하게 역사하신 하나님을 높입니다. 아울러 그 창조 질서를 파괴하는 악인을 제거하시기를 구합니다.

1 내 영혼아 여호와를 송
축하라 여호와 나의 하
나님이여 주는 심히 위
대하시며 존귀와 권위로
옷 입으셨나이다
2 주께서 옷을 입음같이
빛을 입으시며 하늘을
휘장같이 치시며
3 물에 자기 누각의 들보
를 얹으시며 구름으로
자기 수레를 삼으시고 바
람 날개로 다니시며
4 바람을 자기 사신으로
삼으시고 불꽃으로 자기
사역자를 삼으시며
5 땅에 기초를 놓으사 영
원히 흔들리지 아니하게
하셨나이다
6 옷으로 덮음같이 주께서
땅을 깊은 바다로 덮으시
매 물이 산들 위로 솟아
올랐으나
7 주께서 꾸짖으시니 물은
도망하며 주의 우렛소리
로 말미암아 빨리 가며
8 주께서 그들을 위하여
정하여 주신 곳으로 흘
러갔고 산은 오르고 골
짜기는 내려갔나이다
9 주께서 물의 경계를 정하
여 넘치지 못하게 하시며

단어

만유(103:19) 우주에 존재하는 모든 것.
누각(104:3) 휴식을 취하거나 놀이를 하기 위해, 산이나 언덕, 물가 등에 높이 지은 다락집.
들보(104:3) 칸과 칸 사이의 두 기둥을 건너지르는 나무.
사신(104:4) 나라의 명을 받고 외국에 파견되던 신하.

다시 돌아와 땅을 덮지
못하게 하셨나이다
10 여호와께서 샘을 골짜기
에서 솟아나게 하시고
산 사이에 흐르게 하사
11 각종 들짐승에게 마시게
하시니 들나귀들도 해갈
하며
12 공중의 새들도 그 가에
서 깃들이며 나뭇가지
사이에서 지저귀는도다
13 그가 그의 누각에서부터
산에 물을 부어 주시니
주께서 하시는 일의 결실
이 땅을 만족시켜 주는
도다
14 그가 가축을 위한 풀과
사람을 위한 채소를 자
라게 하시며 땅에서 먹을
것이 나게 하셔서
15 사람의 마음을 기쁘게
하는 포도주와 사람의
얼굴을 윤택하게 하는
기름과 사람의 마음을
힘있게 하는 양식을 주
셨도다
16 여호와의 나무에는 물이
흡족함이여 곧 그가 심
으신 레바논 백향목들이
로다
17 새들이 그 속에 깃들임이
여 학은 잣나무로 집을
삼는도다
18 높은 산들은 산양을 위
함이여 바위는 너구리의
피난처로다
19 여호와께서 달로 절기를
정하심이여 해는 그 지

는 때를 알도다
20 주께서 흑암을 지어 밤
이 되게 하시니 삼림의
모든 짐승이 기어나오나
이다
21 젊은 사자들은 그들의
먹이를 쫓아 부르짖으며
그들의 먹이를 하나님께
구하다가
22 해가 돋으면 물러가서 그
들의 굴 속에 눕고
23 사람은 나와서 일하며 저
녁까지 수고하는도다
24 여호와여 주께서 하신
일이 어찌 그리 많은지요
주께서 지혜로 그들을
다 지으셨으니 주께서 지
으신 것들이 땅에 가득
하니이다
25 거기에는 크고 넓은 바다
가 있고 그 속에는 생물
곧 크고 작은 동물들이
무수하니이다
26 그곳에는 배들이 다니며
주께서 지으신 리워야단
이 그 속에서 노나이다
27 이것들은 다 주께서 때
를 따라 먹을 것을 주시
기를 바라나이다
28 주께서 주신즉 그들이
받으며 주께서 손을 펴신
즉 그들이 좋은 것으로
만족하다가
29 주께서 낯을 숨기신즉 그

단어

해갈하다(104:11) 목마름을 겨우 해소하다.
깃들이다(104:12) 새나 짐승이 보금자리를 만들어 그 속에 들어 살다.
절기(104:19) 한 해 가운데서 어떤 일을 하기 좋은 시기나 때.
무수하다(104:25) 헤아릴 수 없이 많다.

들이 떨고 주께서 그들
의 호흡을 거두신즉 그
들은 죽어 먼지로 돌아
가나이다
30 주의 영을 보내어 그들
을 창조하사 지면을 새롭
게 하시나이다
31 여호와의 영광이 영원히
계속할지며 여호와는 자
신께서 행하시는 일들로
말미암아 즐거워하시리
로다
32 그가 땅을 보신즉 땅이
진동하며 산들을 만지신
즉 연기가 나는도다
33 내가 평생토록 여호와께
노래하며 내가 살아 있
는 동안 내 하나님을 찬
양하리로다
34 나의 기도를 기쁘게 여
기시기를 바라나니 나는
여호와로 말미암아 즐거
워하리로다
35 죄인들을 땅에서 소멸하
시며 악인들을 다시 있
지 못하게 하시리로다 내
영혼아 여호와를 송축하
라 할렐루야

105편 다윗이 지은 것으로 추측되는 이 시는 아브라함과 맺으신 언약이 이루어지기까지 출애굽과 광야의 여정을 모두 아우르며 하나님께서 인도하신 이스라엘의 역사를 정리하고 있는 역사시입니다.

1 여호와께 감사하고 그의
이름을 불러 아뢰며 그
가 하는 일을 만민 중에
알게 할지어다
2 그에게 노래하며 그를 찬
양하며 그의 모든 기이
한 일들을 말할지어다

3 그의 거룩한 이름을 자
랑하라 여호와를 구하는
자들은 마음이 즐거울지
로다
4 여호와와 그의 능력을
구할지어다 그의 얼굴을
항상 구할지어다
5-6 그의 종 아브라함의 후
손 곧 택하신 야곱의 자
손 너희는 그가 행하신
기적과 그의 이적과 그
의 입의 판단을 기억할지
어다
7 그는 여호와 우리 하나님
이시라 그의 판단이 온
땅에 있도다
8 그는 그의 언약 곧 천 대
에 걸쳐 명령하신 말씀
을 영원히 기억하셨으니
9 이것은 아브라함과 맺은
언약이고 이삭에게 하신
맹세이며
10 야곱에게 세우신 율례
곧 이스라엘에게 하신 영
원한 언약이라
11 이르시기를 내가 가나안
땅을 네게 주어 너희에게
할당된 소유가 되게 하리
라 하셨도다
12 그때에 그들의 사람 수가
적어 그 땅의 나그네가
되었고
13 이 족속에게서 저 족속
에게로, 이 나라에서 다

단어

소멸하다(104:35) 모조리 쓸어서 없애다.
아뢰다(105:1) 윗사람에게 말씀드려 알리다.
이적(105:5-6) 하나님의 능력으로 이루어지는 불가사의한 일.
할당되다(105:11) 어떤 몫이 어떤 사람에게 일정한 양이나 수에서 따로 떼어 나뉘다.

른 민족에게로 떠돌아다
녔도다
14 그러나 그는 사람이 그
들을 억압하는 것을 용
납하지 아니하시고 그들
로 말미암아 왕들을 꾸
짖어
15 이르시기를 나의 기름부
은 자를 손대지 말며 나
의 선지자들을 해하지
말라 하셨도다
16 그가 또 그 땅에 기근이
들게 하사 그들이 의지하
고 있는 양식을 다 끊으
셨도다
17 그가 한 사람을 앞서 보
내셨음이여 요셉이 종으
로 팔렸도다
18 그의 발은 차꼬를 차고
그의 몸은 쇠사슬에 매
였으니
19 곧 여호와의 말씀이 응
할 때까지라 그의 말씀
이 그를 단련하였도다
20 왕이 사람을 보내어 그
를 석방함이여 뭇 백성의
통치자가 그를 자유롭게
하였도다
21 그를 그의 집의 주관자
로 삼아 그의 모든 소유
를 관리하게 하고
22 그의 뜻대로 모든 신하
를 다스리며 그의 지혜
로 장로들을 교훈하게
하였도다
23 이에 이스라엘이 애굽에
들어감이여 야곱이 함의
땅에 나그네가 되었도다

24 여호와께서 자기의 백성
을 크게 번성하게 하사
그의 대적들보다 강하게
하셨으며
25 또 그 대적들의 마음이
변하게 하여 그의 백성
을 미워하게 하시며 그의
종들에게 교활하게 행하
게 하셨도다
26 그리하여 그는 그의 종
모세와 그의 택하신 아
론을 보내시니
27 그들이 그들의 백성 중에
서 여호와의 표적을 보이
고 함의 땅에서 징조들
을 행하였도다
28 여호와께서 흑암을 보내
사 그곳을 어둡게 하셨으
나 그들은 그의 말씀을
지키지 아니하였도다
29 그들의 물도 변하여 피가
되게 하사 그들의 물고기
를 죽이셨도다
30 그 땅에 개구리가 많아
져서 왕의 궁실에도 있었
도다
31 여호와께서 말씀하신즉
파리 떼가 오며 그들의
온 영토에 이가 생겼도다
32 비 대신 우박을 내리시며
그들의 땅에 화염을 내리
셨도다
33 그들의 포도나무와 무화
과나무를 치시며 그들의

단어

기근(105:16) 식량이 모자라서 굶주리는 일.
차꼬(105:18) 두 개의 긴 나무토막을 맞대고 그 사이에 구멍을 파서 죄인의 두 발목을 넣고 자물쇠를 채우는 형벌 기구.
석방하다(105:20) 교도소나 감옥, 유치장에 수감하고 있는 자를 풀어 주다.

지경에 있는 나무를 찍으
셨도다
34 여호와께서 말씀하신즉
황충과 수많은 메뚜기가
몰려와
35 그들의 땅에 있는 모든
채소를 먹으며 그들의 밭
에 있는 열매를 먹었도다
36 또 여호와께서 그들의 기
력의 시작인 그 땅의 모
든 장자를 치셨도다
37 마침내 그들을 인도하여
은 금을 가지고 나오게
하시니 그의 지파 중에
비틀거리는 자가 하나도
없었도다
38 그들이 떠날 때에 애굽
이 기뻐하였으니 그들이
그들을 두려워함이로다

39 여호와께서 낮에는 구름
을 펴사 덮개를 삼으시고
밤에는 불로 밝히셨으며
40 그들이 구한즉 메추라기
를 가져 오시고 또 하늘
의 양식으로 그들을 만
족하게 하셨도다
41 반석을 여신즉 물이 흘러
나와 마른 땅에 강같이
흘렀으니
42 이는 그의 거룩한 말씀
과 그의 종 아브라함을
기억하셨음이로다
43 그의 백성이 즐겁게 나
오게 하시며 그의 택한
자는 노래하며 나오게
하시고
44 여러 나라의 땅을 그들
에게 주시며 민족들이

수고한 것을 소유로 가지
게 하셨으니
45 이는 그들이 그의 율례
를 지키고 그의 율법을
따르게 하려 하심이로다
할렐루야

106편 시인은 출애굽부터 바빌로니아 포로기 때까지의 이스라엘의 역사를 돌아보면서, 이스라엘이 하나님께 죄를 지었음에도 끝까지 용서하시고 은혜를 베푸시는 하나님을 찬양하고 있습니다.

1 할렐루야 여호와께 감사
하라 그는 선하시며 그
인자하심이 영원함이로
다
2 누가 능히 여호와의 권
능을 다 말하며 주께서
받으실 찬양을 다 선포
하랴
3 정의를 지키는 자들과
항상 공의를 행하는 자
는 복이 있도다
4 여호와여 주의 백성에게
베푸시는 은혜로 나를
기억하시며 주의 구원으
로 나를 돌보사
5 내가 주의 택하신 자가
형통함을 보고 주의 나
라의 기쁨을 나누어 가
지게 하사 주의 유산을
자랑하게 하소서
6 우리가 우리의 조상들처
럼 범죄하여 사악을 행
하며 악을 지었나이다
7 우리의 조상들이 애굽에
있을 때 주의 기이한 일

단어

황충(105:34) 메뚜깃과에 속한 곤충의 한 종. 농작물에 큰 해를 입히기도 한다.
할렐루야(105:45) 여호와를 찬양하라는 뜻으로, 하나님을 찬송하며 감사와 기쁨을 나타내는 말.
형통하다(106:5) 모든 일이 뜻대로 잘되어 가다.
사악(106:6) 간사하고 악독함.

들을 깨닫지 못하며 주
의 크신 인자를 기억하지
아니하고 바다 곧 홍해에
서 거역하였나이다
8 그러나 여호와께서는 자
기의 이름을 위하여 그
들을 구원하셨으니 그의
큰 권능을 만인이 알게
하려 하심이로다
9 이에 홍해를 꾸짖으시니
곧 마르니 그들을 인도
하여 바다 건너가기를 마
치 광야를 지나감 같게
하사
10 그들을 그 미워하는 자
의 손에서 구원하시며
그 원수의 손에서 구원
하셨고
11 그들의 대적들은 물로
덮으시매 그들 중에서
하나도 살아 남지 못하
였도다
12 이에 그들이 그의 말씀
을 믿고 그를 찬양하는
노래를 불렀도다
13 그러나 그들은 그가 행
하신 일을 곧 잊어버리며
그의 가르침을 기다리지
아니하고
14 광야에서 욕심을 크게
내며 사막에서 하나님을
시험하였도다
15 그러므로 여호와께서는
그들이 요구한 것을 그들
에게 주셨을지라도 그들
의 영혼은 쇠약하게 하
셨도다
16 그들이 진영에서 모세와

여호와의 거룩한 자 아
론을 질투하매
17 땅이 갈라져 다단을 삼
키며 아비람의 당을 덮
었고
18 불이 그들의 당에 붙음
이여 화염이 악인들을
살랐도다
19 그들이 호렙에서 송아지
를 만들고 부어 만든 우
상을 경배하여
20 자기 영광을 풀 먹는 소
의 형상으로 바꾸었도다
21 애굽에서 큰 일을 행하
신 그의 구원자 하나님
을 그들이 잊었나니
22 그는 함의 땅에서 기사
와 홍해에서 놀랄 만한
일을 행하신 이시로다
23 그러므로 여호와께서 그
들을 멸하리라 하셨으나
그가 택하신 모세가 그
어려움 가운데에서 그의
앞에 서서 그의 노를 돌
이켜 멸하시지 아니하게
하였도다
24 그들이 그 기쁨의 땅을
멸시하며 그 말씀을 믿
지 아니하고
25 그들의 장막에서 원망하
며 여호와의 음성을 듣
지 아니하였도다
26 이러므로 그가 그의 손
을 들어 그들에게 맹세하

단어

쇠약하다(106:15) 생물이나 사물의 힘이 줄어 약하다.
진영(106:16) 진을 치고 머무는 일정한 구역.
당(106:17) 뜻·이익을 같이하는 사람들끼리의 결합체.
화염(106:18) 타고 있는 불에서 생겨나는, 붉은빛을 띤 기운.
형상(106:20) 물건의 생긴 모양이나 상태.

기를 그들이 광야에 엎
드러지게 하고
27 또 그들의 후손을 뭇 백
성 중에 엎드러뜨리며 여
러 나라로 흩어지게 하리
라 하셨도다
28 그들이 또 브올의 바알
과 연합하여 죽은 자에
게 제사한 음식을 먹어
서
29 그 행위로 주를 격노하게
함으로써 재앙이 그들
중에 크게 유행하였도다
30 그때에 비느하스가 일어
서서 중재하니 이에 재앙
이 그쳤도다
31 이 일이 그의 의로 인정
되었으니 대대로 영원까
지로다
32 그들이 또 므리바 물에
서 여호와를 노하시게
하였으므로 그들 때문에
재난이 모세에게 이르렀
나니
33 이는 그들이 그의 뜻을
거역함으로 말미암아 모
세가 그의 입술로 망령되
이 말하였음이로다
34 그들은 여호와께서 멸하
라고 말씀하신 그 이방
민족들을 멸하지 아니하
고
35 그 이방 나라들과 섞여서
그들의 행위를 배우며
36 그들의 우상들을 섬기
므로 그것들이 그들에게
올무가 되었도다
37 그들이 그들의 자녀를 악

귀들에게 희생제물로 바
쳤도다
38 무죄한 피 곧 그들의 자
녀의 피를 흘려 가나안
의 우상들에게 제사하므
로 그 땅이 피로 더러워
졌도다
39 그들은 그들의 행위로 더
러워지니 그들의 행동이
음탕하도다
40 그러므로 여호와께서 자
기 백성에게 맹렬히 노하
시며 자기의 유업을 미워
하사
41 그들을 이방 나라의 손
에 넘기시매 그들을 미워
하는 자들이 그들을 다
스렸도다
42 그들이 원수들의 압박을
받고 그들의 수하에 복
종하게 되었도다
43 여호와께서 여러 번 그
들을 건지시나 그들은
교묘하게 거역하며 자기
죄악으로 말미암아 낮아
짐을 당하였도다
44 그러나 여호와께서 그들
의 부르짖음을 들으실
때에 그들의 고통을 돌
보시며
45 그들을 위하여 그의 언
약을 기억하시고 그 크신
인자하심을 따라 뜻을
돌이키사

단어

연합하다(106:28) 뭉쳐 하나의 조직체를 이루다.
격노하다(106:29) 몹시 화를 내다.
중재하다(106:30) 당사자들 사이에서 조정하여 화해를 모색하다.
망령되이(106:33) 언행이 이치에 맞지 않고 허황하거나 주책없게.

46 그들을 사로잡은 모든
자에게서 긍휼히 여김을
받게 하셨도다
47 여호와 우리 하나님이여
우리를 구원하사 여러
나라로부터 모으시고 우
리가 주의 거룩하신 이
름을 감사하며 주의 영
예를 찬양하게 하소서
48 여호와 이스라엘의 하나
님을 영원부터 영원까지
찬양할지어다 모든 백성
들아 아멘 할지어다 할
렐루야

제 오 권

107편 바벨론에 포로로 잡혀갔던 자들이 돌아온 이후에 쓴 찬양의 시입니다. 구원을 경험한 이스라엘 백성들에게 하나님의 인자하심과 은혜와 섭리에 감사하는 찬양을 올려드리자고 하는 시입니다.

1 여호와께 감사하라 그는
선하시며 그 인자하심이
영원함이로다
2 여호와의 속량을 받은
자들은 이같이 말할지어
다 여호와께서 대적의 손
에서 그들을 속량하사
3 동서 남북 각 지방에서부
터 모으셨도다
4 그들이 광야 사막 길에
서 방황하며 거주할 성
읍을 찾지 못하고
5 주리고 목이 말라 그들
의 영혼이 그들 안에서
피곤하였도다
6 이에 그들이 근심 중에
여호와께 부르짖으매 그
들의 고통에서 건지시고
7 또 바른 길로 인도하사
거주할 성읍에 이르게
하셨도다
8 여호와의 인자하심과 인
생에게 행하신 기적으로
말미암아 그를 찬송할지
로다
9 그가 사모하는 영혼에게
만족을 주시며 주린 영

단어

긍휼히(106:46) 불쌍하고 가엾게.
속량하다(107:2) 값을 대신 지불하고 구원하다. 예수님께서 우리를 대신해 십자가에 못박혀 죽음으로 우리 죄를 대속하신 것을 생각할 수 있다.
방황하다(107:4) 이리저리 정처 없이 헤매며 다니다.
주리다(107:9) 원하는 것을 얻지 못해 모자람을 느끼다.

혼에게 좋은 것으로 채
워주심이로다
10 사람이 흑암과 사망의
그늘에 앉으며 곤고와 쇠
사슬에 매임은
11 하나님의 말씀을 거역하
며 지존자의 뜻을 멸시
함이라
12 그러므로 그가 고통을
주어 그들의 마음을 겸
손하게 하셨으니 그들이
엎드러져도 돕는 자가 없
었도다
13 이에 그들이 그 환난 중
에 여호와께 부르짖으매
그들의 고통에서 구원하
시되
14 흑암과 사망의 그늘에서
인도하여 내시고 그들의
얽어 맨 줄을 끊으셨도다
15 여호와의 인자하심과 인
생에게 행하신 기적으로
말미암아 그를 찬송할지
로다
16 그가 놋문을 깨뜨리시며
쇠빗장을 꺾으셨음이로다
17 미련한 자들은 그들의
죄악의 길을 따르고 그들
의 악을 범하기 때문에
고난을 받아
18 그들은 그들의 모든 음
식물을 싫어하게 되어 사
망의 문에 이르렀도다
19 이에 그들이 그들의 고통
때문에 여호와께 부르짖
으매 그가 그들의 고통에
서 그들을 구원하시되
20 그가 그의 말씀을 보내

어 그들을 고치시고 위
험한 지경에서 건지시는
도다
21 여호와의 인자하심과 인
생에게 행하신 기적으로
말미암아 그를 찬송할지
로다
22 감사제를 드리며 노래하
여 그가 행하신 일을 선
포할지로다
23 배들을 바다에 띄우며 큰
물에서 일을 하는 자는
24 여호와께서 행하신 일들
과 그의 기이한 일들을
깊은 바다에서 보나니
25 여호와께서 명령하신즉
광풍이 일어나 바다 물
결을 일으키는도다
26 그들이 하늘로 솟구쳤다
가 깊은 곳으로 내려가나
니 그 위험 때문에 그들
의 영혼이 녹는도다
27 그들이 이리저리 구르며
취한 자같이 비틀거리니
그들의 모든 지각이 혼
돈 속에 빠지는도다
28 이에 그들이 그들의 고통
때문에 여호와께 부르짖
으매 그가 그들의 고통에
서 그들을 인도하여 내
시고
29 광풍을 고요하게 하사
물결도 잔잔하게 하시는
도다

단어

곤고(107:10) 형편이나 처지가 어렵고 고생스러움.
멸시하다(107:11) 업신여겨 무시하다.
지경(107:20) 일정한 테두리 안의 땅.
기이하다(107:24) 보통과 다르게 유별나고 이상하다.
광풍(107:25) 미친 듯이 사납게 휘몰아치는 거센 바람.
지각(107:27) 사물의 이치나 도리를 분별하는 능력.

30 그들이 평온함으로 말미
암아 기뻐하는 중에 여
호와께서 그들이 바라는
항구로 인도하시는도다
31 여호와의 인자하심과 인
생에게 행하신 기적으로
말미암아 그를 찬송할지
로다
32 백성의 모임에서 그를 높
이며 장로들의 자리에서
그를 찬송할지로다
33 여호와께서는 강이 변하
여 광야가 되게 하시며
샘이 변하여 마른 땅이
되게 하시며
34 그 주민의 악으로 말미
암아 옥토가 변하여 염
전이 되게 하시며
35 또 광야가 변하여 못이
되게 하시며 마른 땅이
변하여 샘물이 되게 하
시고
36 주린 자들로 거기에 살
게 하사 그들이 거주할
성읍을 준비하게 하시고
37 밭에 파종하며 포도원을
재배하여 풍성한 소출을
거두게 하시며
38 또 복을 주사 그들이 크
게 번성하게 하시고 그의
가축이 감소하지 아니하
게 하실지라도
39 다시 압박과 재난과 우환
을 통하여 그들의 수를
줄이시며 낮추시는도다
40 여호와께서 고관들에게
는 능욕을 쏟아 부으시
고 길 없는 황야에서 유

리하게 하시나
41 궁핍한 자는 그의 고통
으로부터 건져 주시고
그의 가족을 양 떼같이
지켜 주시나니
42 정직한 자는 보고 기뻐
하며 모든 사악한 자는
자기 입을 봉하리로다
43 지혜 있는 자들은 이러
한 일들을 지켜 보고 여
호와의 인자하심을 깨달
으리로다

108편 과거의 승리를 기억하며, 하나님께서 지금도 그의 백성들을 대적의 손에서 구원해 주실 것을 확신하고 기도하는 다윗의 시입니다. 다윗은 우리가 의지할 분은 오직 하나님 한 분뿐임을 노래합니다.

다윗의 찬송 시

1 하나님이여 내 마음을
정하였사오니 내가 노래
하며 나의 마음을 다하
여 찬양하리로다
2 비파야, 수금아, 깰지어다
내가 새벽을 깨우리로다
3 여호와여 내가 만민 중
에서 주께 감사하고 뭇
나라 중에서 주를 찬양
하오리니
4 주의 인자하심이 하늘보
다 높으시며 주의 진실은
궁창에까지 이르나이다
5 하나님이여 주는 하늘 위
에 높이 들리시며 주의
영광이 온 땅에서 높임
받으시기를 원하나이다
6 주께서 사랑하시는 자들

단어

옥토(107:34) 작물이 잘 자랄 수 있는 풍부한 좋은 땅.
소출(107:37) 논밭에서 나는 곡식.
우환(107:39) 집안에 복잡한 일이나 환자가 생겨서 나는 걱정이나 근심.
유리하다(107:40) 일정한 집과 직업이 없이 이곳저곳으로 떠돌아다니다.

을 건지시기 위하여 우리
에게 응답하사 오른손으
로 구원하소서
7 하나님이 그의 성소에서
말씀하시되 내가 기뻐하
리라 내가 세겜을 나누
며 숙곳 골짜기를 측량
하리라
8 길르앗이 내 것이요 므낫
세도 내 것이며 에브라임
은 내 머리의 투구요 유
다는 나의 규이며
9 모압은 내 목욕통이라 에
돔에는 내 신발을 벗어
던질지며 블레셋 위에서
내가 외치리라 하셨도다
10 누가 나를 이끌어 견고
한 성읍으로 인도해 들이
며 누가 나를 에돔으로
인도할꼬
11 하나님이여 주께서 우리
를 버리지 아니하셨나이
까 하나님이여 주께서 우
리의 군대들과 함께 나아
가지 아니하시나이다
12 우리를 도와 대적을 치
게 하소서 사람의 구원
은 헛됨이니이다
13 우리가 하나님을 의지하
고 용감히 행하리니 그
는 우리의 대적들을 밟으
실 자이심이로다

109편 평생토록 악인들에게 수많은 욕과 저주를 받으며 심적·육체적 고통을 겪어 온 다윗이 거룩한 분노를 토해내고 있습니다. 다윗은 하나님이 그들을 공정하고 의롭게 심판해 주시기를 기도했습니다.

다윗의 시, 인도자를 따라 부르는 노래

1 내가 찬양하는 하나님이
여 잠잠하지 마옵소서

2 그들이 악한 입과 거짓된
입을 열어 나를 치며 속
이는 혀로 내게 말하며
3 또 미워하는 말로 나를
두르고 까닭 없이 나를
공격하였음이니이다
4 나는 사랑하나 그들은
도리어 나를 대적하니 나
는 기도할 뿐이라
5 그들이 악으로 나의 선
을 갚으며 미워함으로 나
의 사랑을 갚았사오니
6 악인이 그를 다스리게 하
시며 사탄이 그의 오른
쪽에 서게 하소서
7 그가 심판을 받을 때에
죄인이 되어 나오게 하시
며 그의 기도가 죄로 변
하게 하시며
8 그의 연수를 짧게 하시
며 그의 직분을 타인이
빼앗게 하시며
9 그의 자녀는 고아가 되고
그의 아내는 과부가 되며
10 그의 자녀들은 유리하며
구걸하고 그들의 황폐한
집을 떠나 빌어먹게 하
소서
11 고리대금하는 자가 그의
소유를 다 빼앗게 하시며
그가 수고한 것을 낯선
사람이 탈취하게 하시며
12 그에게 인애를 베풀 자가
없게 하시며 그의 고아에

단어

연수(109:8) 사람의 수명.
직분(109:8) 맡은 직무상의 본분.
빌어먹다(109:10) 음식이나 곡식 따위를 남에게 구걸하여 거저 얻어먹다.
고리대금(109:11) 부당하게 비싼 이자를 받는 돈놀이.
탈취하다(109:11) 강제로 빼앗아 가지다.

게 은혜를 베풀 자도 없
게 하시며
13 그의 자손이 끊어지게
하시며 후대에 그들의 이
름이 지워지게 하소서
14 여호와는 그의 조상들의
죄악을 기억하시며 그의
어머니의 죄를 지워 버리
지 마시고
15 그 죄악을 항상 여호와
앞에 있게 하사 그들의
기억을 땅에서 끊으소서
16 그가 인자를 베풀 일을
생각하지 아니하고 가난
하고 궁핍한 자와 마음
이 상한 자를 핍박하여
죽이려 하였기 때문이니
이다
17 그가 저주하기를 좋아하
더니 그것이 자기에게 임
하고 축복하기를 기뻐하
지 아니하더니 복이 그를
멀리 떠났으며
18 또 저주하기를 옷 입듯
하더니 저주가 물같이 그
의 몸 속으로 들어가며
기름같이 그의 뼈 속으
로 들어갔나이다
19 저주가 그에게는 입는 옷
같고 항상 띠는 띠와 같
게 하소서
20 이는 나의 대적들이 곧
내 영혼을 대적하여 악
담하는 자들이 여호와께
받는 보응이니이다
21 그러나 주 여호와여 주
의 이름으로 말미암아
나를 선대하소서 주의

인자하심이 선하시오니
나를 건지소서
22 나는 가난하고 궁핍하여
나의 중심이 상함이니이
다
23 나는 석양 그림자같이 지
나가고 또 메뚜기같이 불
려 가오며
24 금식하므로 내 무릎이
흔들리고 내 육체는 수
척하오며
25 나는 또 그들의 비방거리
라 그들이 나를 보면 머
리를 흔드나이다
26 여호와 나의 하나님이여
나를 도우시며 주의 인
자하심을 따라 나를 구
원하소서
27 이것이 주의 손이 하신
일인 줄을 그들이 알게
하소서 주 여호와께서
이를 행하셨나이다
28 그들은 내게 저주하여도
주는 내게 복을 주소서
그들은 일어날 때에 수치
를 당할지라도 주의 종
은 즐거워하리이다
29 나의 대적들이 욕을 옷
입듯 하게 하시며 자기
수치를 겉옷같이 입게
하소서
30 내가 입으로 여호와께
크게 감사하며 많은 사
람 중에서 찬송하리니

단어

핍박하다(109:16) 바싹 죄어 몹시 괴롭게 굴거나 좇다.
악담하다(109:20) 남을 비방하거나, 남이 잘못되도록 저주하다.
금식하다(109:24) 종교적 이유나 기타의 이유로 한동안 음식을 먹지 않다.
수척하다(109:24) 몸시 야위고 파리하다.

31 그가 궁핍한 자의 오른
쪽에 서사 그의 영혼을
심판하려 하는 자들에게
서 구원하실 것임이로다

110편

만왕의 왕이요 영원한 대제사장이신 주님이 장차 이 세상에 오심으로써, 사단과 죄악의 세력을 멸망시키시고 새로운 왕국을 세워 통치하실 것을 예언한 다윗의 메시아 예언시입니다.

다윗의 시

1 여호와께서 내 주에게 말
씀하시기를 내가 네 원수
들로 네 발판이 되게 하
기까지 너는 내 오른쪽에
앉아 있으라 하셨도다
2 여호와께서 시온에서부
터 주의 권능의 규를 내
보내시리니 주는 원수들
중에서 다스리소서
3 주의 권능의 날에 주의
백성이 거룩한 옷을 입
고 즐거이 헌신하니 새벽
이슬 같은 주의 청년들
이 주께 나오는도다
4 여호와는 맹세하고 변하
지 아니하시리라 이르시
기를 너는 멜기세덱의 서
열을 따라 영원한 제사
장이라 하셨도다
5 주의 오른쪽에 계신 주
께서 그의 노하시는 날
에 왕들을 쳐서 깨뜨리
실 것이라
6 뭇 나라를 심판하여 시
체로 가득하게 하시고 여
러 나라의 머리를 쳐서
깨뜨리시며
7 길 가의 시냇물을 마시
므로 그의 머리를 드시
리로다

111편

이스라엘의 지난 역사 가운데서 '진실'과 '공의'로 모든 일을 행하신 하나님을 높이고 있습니다. 하나님을 경외하는 것이 지혜의 근본이며, 그 계명을 지키는 자는 영원히 영육이 배부를 것입니다.

1 할렐루야, 내가 정직한
자들의 모임과 회중 가
운데에서 전심으로 여호
와께 감사하리로다
2 여호와께서 행하시는 일
들이 크시오니 이를 즐거
워하는 자들이 다 기리
는도다
3 그의 행하시는 일이 존귀
하고 엄위하며 그의 의가
영원히 서 있도다
4 그의 기적을 사람이 기억
하게 하셨으니 여호와는
은혜로우시고 자비로우
시도다
5 여호와께서 자기를 경외
하는 자들에게 양식을
주시며 그의 언약을 영원
히 기억하시리로다
6 그가 그들에게 뭇 나라
의 기업을 주사 그가 행
하시는 일의 능력을 그들
에게 알리셨도다
7 그의 손이 하는 일은 진
실과 정의이며 그의 법도
는 다 확실하니
8 영원무궁토록 정하신 바
요 진실과 정의로 행하신
바로다
9 여호와께서 그의 백성을
속량하시며 그의 언약을

단어

헌신하다(110:3) 어떤 일에 몸과 마음을 바쳐 있는 힘을 다하다.
멜기세덱(110:4) 아브라함 시대의 살렘 왕을 가리키며, 지극히 높으신 하나님의 제사장이다(창 14:18).
기리다(111:2) 다른 사람의 우수한 점이나 잘하는 일을 높여 평가하며 말하다.

영원히 세우셨으니 그의
이름이 거룩하고 지존하
시도다
10 여호와를 경외함이 지혜
의 근본이라 그의 계명
을 지키는 자는 다 훌륭
한 지각을 가진 자이니
여호와를 찬양함이 영원
히 계속되리로다

112편

이 시는 하나님을 경외하는 자가 받는 복과 악인의 비참한 종말을 주제로 다룹니다. 인생에서 중요한 것은 하나님을 경외하며 그분에게 순종하는 것임을 가르쳐주는 지혜시입니다.

1 할렐루야, 여호와를 경
외하며 그의 계명을 크
게 즐거워하는 자는 복
이 있도다
2 그의 후손이 땅에서 강
성함이여 정직한 자들의
후손에게 복이 있으리로
다
3 부와 재물이 그의 집에
있음이여 그의 공의가 영
구히 서 있으리로다
4 정직한 자들에게는 흑암
중에 빛이 일어나나니 그
는 자비롭고 긍휼이 많으
며 의로운 이로다
5 은혜를 베풀며 꾸어 주
는 자는 잘되나니 그 일
을 정의로 행하리로다
6 그는 영원히 흔들리지 아
니함이여 의인은 영원히
기억되리로다
7 그는 흉한 소문을 두려
워하지 아니함이여 여호
와를 의뢰하고 그의 마
음을 굳게 정하였도다
8 그의 마음이 견고하여

두려워하지 아니할 것이
라 그의 대적들이 받는
보응을 마침내 보리로다
9 그가 재물을 흩어 빈궁
한 자들에게 주었으니
그의 의가 영구히 있고
그의 뿔이 영광 중에 들
리리로다
10 악인은 이를 보고 한탄
하여 이를 갈면서 소멸
되리니 악인들의 욕망은
사라지리로다

113편

시간과 공간에 매이지 않으시는 하나님은 자신을 스스로 낮추시고 세상을 돌아보십니다. 가난하고 소외된 자들을 일으켜주십니다. 영원토록 경배와 찬양을 받으실 분은 오직 주 하나님뿐이십니다.

1 할렐루야, 여호와의 종
들아 찬양하라 여호와의
이름을 찬양하라
2 이제부터 영원까지 여호
와의 이름을 찬송할지로
다
3 해 돋는 데에서부터 해
지는 데에까지 여호와의
이름이 찬양을 받으시리
로다
4 여호와는 모든 나라보다
높으시며 그의 영광은
하늘보다 높으시도다
5 여호와 우리 하나님과 같
은 이가 누구리요 높은
곳에 앉으셨으나
6 스스로 낮추사 천지를
살피시고
7 가난한 자를 먼지 더미

단어

할렐루야(112:1) 여호와를 찬양하라는 뜻으로, 하나님을 찬송하며 감사와 기쁨을 나타내는 말.
강성하다(112:2) 힘이 강하고 번성하다.
흉하다(112:7) 좋지 않거나 상서롭지 못하다.
빈궁하다(112:9) 가난하여 살기가 어렵다.
한탄하다(112:10) 한숨을 쉬며 탄식하다.

에서 일으키시며 궁핍한
자를 거름 더미에서 들
어 세워
8 지도자들 곧 그의 백성
의 지도자들과 함께 세
우시며
9 또 임신하지 못하던 여
자를 집에 살게 하사 자
녀들을 즐겁게 하는 어
머니가 되게 하시는도다
할렐루야

114편

하나님의 전적인 권능으로 출애굽 이후 가나안에 들어갈 때까지 이스라엘의 역사를 은유적인 표현을 통해 생동감있게 묘사합니다. 그 가운데 역사하시는 하나님의 능력을 찬양하는 시입니다.

1 이스라엘이 애굽에서 나
오며 야곱의 집안이 언어
가 다른 민족에게서 나
올 때에
2 유다는 여호와의 성소가
되고 이스라엘은 그의
영토가 되었도다
3 바다가 보고 도망하며 요
단은 물러갔으니
4 산들은 숫양들같이 뛰놀
며 작은 산들은 어린 양
들같이 뛰었도다
5 바다야 네가 도망함은
어찌함이며 요단아 네가
물러감은 어찌함인가
6 너희 산들아 숫양들같이
뛰놀며 작은 산들아 어
린 양들같이 뛰놂은 어
찌함인가
7 땅이여 너는 주 앞 곧 야
곱의 하나님 앞에서 떨지
어다
8 그가 반석을 쳐서 못물
이 되게 하시며 차돌로

샘물이 되게 하셨도다

115편

하나님의 전능하심과 이방 사람이 섬기는 우상의 무능함을 비교함으로써 하나님께 영광을 돌리는 시입니다. 하나님을 경외하고 의지하는 자들이 받을 궁극적인 복을 선언하고 있습니다.

1 여호와여 영광을 우리에
게 돌리지 마옵소서 우
리에게 돌리지 마옵소서
오직 주는 인자하시고
진실하시므로 주의 이름
에만 영광을 돌리소서
2 어찌하여 뭇 나라가 그
들의 하나님이 이제 어디
있느냐 말하게 하리이까
3 오직 우리 하나님은 하
늘에 계셔서 원하시는 모
든 것을 행하셨나이다
4 그들의 우상들은 은과
금이요 사람이 손으로
만든 것이라
5 입이 있어도 말하지 못하
며 눈이 있어도 보지 못
하며
6 귀가 있어도 듣지 못하며
코가 있어도 냄새 맡지
못하며
7 손이 있어도 만지지 못하
며 발이 있어도 걷지 못
하며 목구멍이 있어도 작
은 소리조차 내지 못하느
니라
8 우상들을 만드는 자들과
그것을 의지하는 자들이
다 그와 같으리로다
9 이스라엘아 여호와를 의

단어

거름(113:7) 농작물을 잘 자라게 하거나 땅을 기름지게 하기 위해서 흙에 주는 영양 물질.
성소(114:2) 제사장이 하나님께 제물을 바치고 의식을 행하던 거룩한 곳.
우상(115:4) 인위적으로 만들어 신처럼 떠받드는 신의 형상.

지하라 그는 너희의 도
움이시요 너희의 방패시
로다
10 아론의 집이여 여호와를
의지하라 그는 너희의 도
움이시요 너희의 방패시
로다
11 여호와를 경외하는 자들
아 너희는 여호와를 의
지하여라 그는 너희의 도
움이시요 너희의 방패시
로다
12 여호와께서 우리를 생각
하사 복을 주시되 이스
라엘 집에도 복을 주시
고 아론의 집에도 복을
주시며
13 높은 사람이나 낮은 사
람을 막론하고 여호와를
경외하는 자들에게 복을
주시리로다
14 여호와께서 너희를 곧 너
희와 너희의 자손을 더
욱 번창하게 하시기를 원
하노라
15 너희는 천지를 지으신 여
호와께 복을 받는 자로다
16 하늘은 여호와의 하늘이
라도 땅은 사람에게 주
셨도다
17 죽은 자들은 여호와를
찬양하지 못하나니 적막
한 데로 내려가는 자들
은 아무도 찬양하지 못
하리로다
18 우리는 이제부터 영원까
지 여호와를 송축하리로
다 할렐루야

116편

개인적인 구원의 체험을 고백하며 하나님께 영광을 돌리는 찬송시입니다. 사망의 위험과 극한 환난에서 구원하신 주님을 찬양하고, 그때 하나님께 서원했던 것을 반드시 갚겠다고 다짐하고 있습니다.

1 여호와께서 내 음성과
내 간구를 들으시므로
내가 그를 사랑하는도다
2 그의 귀를 내게 기울이
셨으므로 내가 평생에
기도하리로다
3 사망의 줄이 나를 두르
고 스올의 고통이 내게
이르므로 내가 환난과
슬픔을 만났을 때에
4 내가 여호와의 이름으로
기도하기를 여호와여 주
께 구하오니 내 영혼을
건지소서 하였도다
5 여호와는 은혜로우시며
의로우시며 우리 하나님
은 긍휼이 많으시도다
6 여호와께서는 순진한 자
를 지키시나니 내가 어려
울 때에 나를 구원하셨
도다
7 내 영혼아 네 평안함으로
돌아갈지어다 여호와께
서 너를 후대하심이로다
8 주께서 내 영혼을 사망
에서, 내 눈을 눈물에서,
내 발을 넘어짐에서 건지
셨나이다
9 내가 생명이 있는 땅에서
여호와 앞에 행하리로다
10 내가 크게 고통을 당하

단어

번창하다(115:14) 일이나 집안, 나라 등이 한참 잘되어 성하게 되다.
적막하다(115:17) 고요하고 쓸쓸하다.
스올(116:3) 죽어서 가는 장소. 음부, 무덤, 지옥으로 번역되기도 한다.
후대하다(116:7) 정성들여 아주 잘 대접하다.

였다고 말할 때에도 나
는 믿었도다
11 내가 놀라서 이르기를
모든 사람이 거짓말쟁이
라 하였도다
12 내게 주신 모든 은혜를
내가 여호와께 무엇으로
보답할까
13 내가 구원의 잔을 들고
여호와의 이름을 부르며
14 여호와의 모든 백성 앞
에서 나는 나의 서원을
여호와께 갚으리로다
15 그의 경건한 자들의 죽
음은 여호와께서 보시기
에 귀중한 것이로다
16 여호와여 나는 진실로
주의 종이요 주의 여종
의 아들 곧 주의 종이라
주께서 나의 결박을 푸
셨나이다
17 내가 주께 감사제를 드리
고 여호와의 이름을 부
르리이다
18 내가 여호와께 서원한 것
을 그의 모든 백성이 보
는 앞에서 내가 지키리
로다
19 예루살렘아, 네 한가운
데에서 곧 여호와의 성전
뜰에서 지키리로다 할렐
루야

117편

이스라엘을 향한 하나님의 크신 사랑과 지속적인 성실하심을 찬양하며, 모든 나라와 백성들도 이 찬양에 동참할 것을 권면하고 있습니다. 시편 전체에서 가장 짧은 시입니다.

1 너희 모든 나라들아 여
호와를 찬양하며 너희
모든 백성들아 그를 찬

송할지어다

2 우리에게 향하신 여호와
의 인자하심이 크시고
여호와의 진실하심이 영
원함이로다 할렐루야

118편 수많은 적으로 인해 절체절명의 어려움 가운데 있는 자신을 구원해 주시고, 전쟁에서 승리하게 하신 하나님께 감사하면서 함께 하나님의 선함과 인자하심을 찬양할 것을 권하고 있습니다.

1 여호와께 감사하라 그는
선하시며 그의 인자하심
이 영원함이로다
2 이제 이스라엘은 말하기
를 그의 인자하심이 영
원하다 할지로다
3 이제 아론의 집은 말하
기를 그의 인자하심이
영원하다 할지로다
4 이제 여호와를 경외하는
자는 말하기를 그의 인
자하심이 영원하다 할지
로다
5 내가 고통 중에 여호와
께 부르짖었더니 여호와
께서 응답하시고 나를
넓은 곳에 세우셨도다
6 여호와는 내 편이시라 내
가 두려워하지 아니하리
니 사람이 내게 어찌할까
7 여호와께서 내 편이 되사
나를 돕는 자들 중에 계
시니 그러므로 나를 미워
하는 자들에게 보응하시
는 것을 내가 보리로다
8 여호와께 피하는 것이

단어

보답하다(116:12) 그에 상당하는 다른 것으로 갚다.
서원(116:14) 하나님께 은혜를 구하고, 그 보답으로 어떤 선행을 하겠다고 한 맹세.
결박(116:16) 몸이나 손을 움직이지 못하게 묶음.
보응하다(118:7) 그 원인과 결과에 따라 은혜와 원한을 자기가 입었던 것만큼 갚다.

사람을 신뢰하는 것보다
나으며
9 여호와께 피하는 것이
고관들을 신뢰하는 것보
다 낫도다
10 뭇 나라가 나를 에워쌌
으니 내가 여호와의 이름
으로 그들을 끊으리로다
11 그들이 나를 에워싸고
에워쌌으니 내가 여호와
의 이름으로 그들을 끊
으리로다
12 그들이 벌들처럼 나를 에
워쌌으나 가시덤불의 불
같이 타 없어졌나니 내가
여호와의 이름으로 그들
을 끊으리로다
13 너는 나를 밀쳐 넘어뜨리
려 하였으나 여호와께서
는 나를 도우셨도다
14 여호와는 나의 능력과
찬송이시요 또 나의 구
원이 되셨도다
15 의인들의 장막에는 기쁜
소리, 구원의 소리가 있
음이여 여호와의 오른손
이 권능을 베푸시며
16 여호와의 오른손이 높
이 들렸으며 여호와의
오른손이 권능을 베푸시
는도다
17 내가 죽지 않고 살아서
여호와께서 하시는 일을
선포하리로다
18 여호와께서 나를 심히
경책하셨어도 죽음에는
넘기지 아니하셨도다
19 내게 의의 문들을 열지어

다 내가 그리로 들어가서
여호와께 감사하리로다
20 이는 여호와의 문이라 의
인들이 그리로 들어가리
로다
21 주께서 내게 응답하시고
나의 구원이 되셨으니 내
가 주께 감사하리이다
22 건축자가 버린 돌이 집
모퉁이의 머릿돌이 되었
나니
23 이는 여호와께서 행하신
것이요 우리 눈에 기이한
바로다
24 이날은 여호와께서 정하
신 것이라 이날에 우리가
즐거워하고 기뻐하리로다
25 여호와여 구하옵나니 이
제 구원하소서 여호와여
우리가 구하옵나니 이제
형통하게 하소서
26 여호와의 이름으로 오는
자가 복이 있음이여 우리
가 여호와의 집에서 너희
를 축복하였도다
27 여호와는 하나님이시라
그가 우리에게 빛을 비추
셨으니 밧줄로 절기 제물
을 제단 뿔에 맬지어다
28 주는 나의 하나님이시라
내가 주께 감사하리이다
주는 나의 하나님이시라
내가 주를 높이리이다
29 여호와께 감사하라 그는

단어

에워싸다(118:10) 사방을 둘러서 싸다.
경책하다(118:18) 정신을 차리도록 꾸짖다.
머릿돌(118:22) 건물의 기초 공사를 마친 후, 본격적인 공사의 시작을 기념하며, 연월일 따위를 새겨서 일정한 자리에 놓는 돌.
형통하다(118:25) 모든 일이 뜻대로 잘되어 가다.

선하시며 그의 인자하심
이 영원함이로다

119편 시편 중 가장 긴 시입니다. 176절 중에 4구절을 제외한 모든 절에서 말씀·율법·규례·법도·율례·계명 등의 표현이 등장합니다. 하나님의 말씀을 삶의 푯대로 삼아 거룩하고 정직하게 살아야 한다는 교훈을 주고 있습니다.

1 행위가 온전하여 여호와
의 율법을 따라 행하는
자들은 복이 있음이여
2 여호와의 증거들을 지키
고 전심으로 여호와를 구
하는 자는 복이 있도다
3 참으로 그들은 불의를
행하지 아니하고 주의 도
를 행하는도다
4 주께서 명령하사 주의
법도를 잘 지키게 하셨
나이다
5 내 길을 굳게 정하사 주
의 율례를 지키게 하소서
6 내가 주의 모든 계명에
주의할 때에는 부끄럽지
아니하리이다
7 내가 주의 의로운 판단
을 배울 때에는 정직한
마음으로 주께 감사하리
이다
8 내가 주의 율례들을 지
키오리니 나를 아주 버리
지 마옵소서
9 청년이 무엇으로 그의 행
실을 깨끗하게 하리이까
주의 말씀만 지킬 따름
이니이다
10 내가 전심으로 주를 찾
았사오니 주의 계명에서
떠나지 말게 하소서
11 내가 주께 범죄하지 아니
하려 하여 주의 말씀을

내 마음에 두었나이다
12 찬송을 받으실 주 여호
와여 주의 율례들을 내
게 가르치소서
13 주의 입의 모든 규례들
을 나의 입술로 선포하였
으며
14 내가 모든 재물을 즐거워
함같이 주의 증거들의 도
를 즐거워하였나이다
15 내가 주의 법도들을 작
은 소리로 읊조리며 주의
길들에 주의하며
16 주의 율례들을 즐거워하
며 주의 말씀을 잊지 아
니하리이다
17 주의 종을 후대하여 살
게 하소서 그리하시면 주
의 말씀을 지키리이다
18 내 눈을 열어서 주의 율
법에서 놀라운 것을 보
게 하소서
19 나는 땅에서 나그네가 되
었사오니 주의 계명들을
내게 숨기지 마소서
20 주의 규례들을 항상 사
모함으로 내 마음이 상
하나이다
21 교만하여 저주를 받으며
주의 계명들에서 떠나는
자들을 주께서 꾸짖으셨
나이다
22 내가 주의 교훈들을 지
켰사오니 비방과 멸시를

단어

율법(119:1) 하나님이 정하신 법. 모세오경.
주의하다(119:6) 마음에 새겨 조심하다.
행실(119:9) 일상생활에서 실지로 드러나는 행동이나 몸가짐.
읊조리다(119:15) 뜻을 생각하며 감정이나 억양을 넣어 낮은 목소리로 읽거나 외다.

내게서 떠나게 하소서
23 고관들도 앉아서 나를
비방하였사오나 주의 종
은 주의 율례들을 작은
소리로 읊조렸나이다
24 주의 증거들은 나의 즐
거움이요 나의 충고자니
이다
25 내 영혼이 진토에 붙었사
오니 주의 말씀대로 나
를 살아나게 하소서
26 내가 나의 행위를 아뢰매
주께서 내게 응답하셨사
오니 주의 율례들을 내
게 가르치소서
27 나에게 주의 법도들의 길
을 깨닫게 하여 주소서
그리하시면 내가 주의 기
이한 일들을 작은 소리
로 읊조리리이다
28 나의 영혼이 눌림으로
말미암아 녹사오니 주의
말씀대로 나를 세우소서
29 거짓 행위를 내게서 떠나
게 하시고 주의 법을 내
게 은혜로이 베푸소서
30 내가 성실한 길을 택하고
주의 규례들을 내 앞에
두었나이다
31 내가 주의 증거들에 매
달렸사오니 여호와여 내
가 수치를 당하지 말게
하소서
32 주께서 내 마음을 넓히
시면 내가 주의 계명들의
길로 달려가리이다
33 여호와여 주의 율례들의
도를 내게 가르치소서 내

가 끝까지 지키리이다
34 나로 하여금 깨닫게 하
여 주소서 내가 주의 법
을 준행하며 전심으로
지키리이다
35 나로 하여금 주의 계명들
의 길로 행하게 하소서
내가 이를 즐거워함이니
이다
36 내 마음을 주의 증거들에
게 향하게 하시고 탐욕으
로 향하지 말게 하소서
37 내 눈을 돌이켜 허탄한
것을 보지 말게 하시고
주의 길에서 나를 살아
나게 하소서
38 주를 경외하게 하는 주
의 말씀을 주의 종에게
세우소서
39 내가 두려워하는 비방을
내게서 떠나게 하소서 주
의 규례들은 선하심이니
이다
40 내가 주의 법도들을 사모
하였사오니 주의 의로 나
를 살아나게 하소서
41 여호와여 주의 말씀대로
주의 인자하심과 주의
구원을 내게 임하게 하
소서
42 그리하시면 내가 나를
비방하는 자들에게 대답
할 말이 있사오리니 내
가 주의 말씀을 의지함

단어

진토(119:25) 티끌과 흙을 아울러 이르는 말.
수치(119:31) 다른 사람들을 볼 낯이 없거나 스스로 떳떳하지 못함. 또는 그런 일.
준행하다(119:34) 전례나 명령 따위를 좇아서 그대로 행하다.
허탄하다(119:37) 거짓이 많아서 미덥지 않다.

이니이다
43 진리의 말씀이 내 입에서
조금도 떠나지 말게 하소
서 내가 주의 규례를 바
랐음이니이다
44 내가 주의 율법을 항상
지키리이다 영원히 지키
리이다
45 내가 주의 법도들을 구
하였사오니 자유롭게 걸
어갈 것이오며
46 또 왕들 앞에서 주의 교
훈들을 말할 때에 수치를
당하지 아니하겠사오며
47 내가 사랑하는 주의 계명
들을 스스로 즐거워하며
48 또 내가 사랑하는 주의
계명들을 향하여 내 손을
들고 주의 율례들을 작은
소리로 읊조리리이다
49 주의 종에게 하신 말씀
을 기억하소서 주께서 내
게 소망을 가지게 하셨나
이다
50 이 말씀은 나의 고난 중
의 위로라 주의 말씀이
나를 살리셨기 때문이니
이다
51 교만한 자들이 나를 심
히 조롱하였어도 나는
주의 법을 떠나지 아니하
였나이다
52 여호와여 주의 옛 규례
들을 내가 기억하고 스
스로 위로하였나이다
53 주의 율법을 버린 악인들
로 말미암아 내가 맹렬한
분노에 사로잡혔나이다

54 내가 나그네 된 집에서
주의 율례들이 나의 노
래가 되었나이다
55 여호와여 내가 밤에 주
의 이름을 기억하고 주
의 법을 지켰나이다
56 내 소유는 이것이니 곧
주의 법도들을 지킨 것이
니이다
57 여호와는 나의 분깃이시
니 나는 주의 말씀을 지
키리라 하였나이다
58 내가 전심으로 주께 간
구하였사오니 주의 말씀
대로 내게 은혜를 베푸
소서
59 내가 내 행위를 생각하고
주의 증거들을 향하여
내 발길을 돌이켰사오며
60 주의 계명들을 지키기에
신속히 하고 지체하지 아
니하였나이다
61 악인들의 줄이 내게 두
루 얽혔을지라도 나는 주
의 법을 잊지 아니하였나
이다
62 내가 주의 의로운 규례들
로 말미암아 밤중에 일
어나 주께 감사하리이다
63 나는 주를 경외하는 모
든 자들과 주의 법도들
을 지키는 자들의 친구라
64 여호와여 주의 인자하심
이 땅에 충만하였사오니

단어

규례(119:43) 지켜야 할 규칙과 정해진 관례.
조롱하다(119:51) 비웃거나 얕보고 놀리다.
맹렬하다(119:53) 기운이나 기세가 몹시 사납고 세차다.
분깃(119:57) 재산의 한몫을 유산으로 나누어주는 일.
지체하다(119:60) 질질 끌거나 늦추다.
충만하다(119:64) 가득하게 차 있다.

주의 율례들로 나를 가
르치소서
65 여호와여 주의 말씀대로
주의 종을 선대하셨나
이다
66 내가 주의 계명들을 믿었
사오니 좋은 명철과 지식
을 내게 가르치소서
67 고난 당하기 전에는 내가
그릇 행하였더니 이제는
주의 말씀을 지키나이다
68 주는 선하사 선을 행하
시오니 주의 율례들로
나를 가르치소서
69 교만한 자들이 거짓을
지어 나를 치려 하였사오
나 나는 전심으로 주의
법도들을 지키리이다
70 그들의 마음은 살져서
기름덩이 같으나 나는 주
의 법을 즐거워하나이다
71 고난 당한 것이 내게 유
익이라 이로 말미암아 내
가 주의 율례들을 배우
게 되었나이다
72 주의 입의 법이 내게는 천
천 금은보다 좋으니이다
73 주의 손이 나를 만들고
세우셨사오니 내가 깨달
아 주의 계명들을 배우
게 하소서
74 주를 경외하는 자들이
나를 보고 기뻐하는 것
은 내가 주의 말씀을 바
라는 까닭이니이다
75 여호와여 내가 알거니와
주의 심판은 의로우시고
주께서 나를 괴롭게 하

심은 성실하심 때문이니
이다
76 구하오니 주의 종에게 하
신 말씀대로 주의 인자
하심이 나의 위안이 되
게 하시며
77 주의 긍휼히 여기심이 내
게 임하사 내가 살게 하
소서 주의 법은 나의 즐
거움이니이다
78 교만한 자들이 거짓으로
나를 엎드러뜨렸으니 그
들이 수치를 당하게 하
소서 나는 주의 법도들
을 작은 소리로 읊조리리
이다
79 주를 경외하는 자들이
내게 돌아오게 하소서
그리하시면 그들이 주의
증거들을 알리이다
80 내 마음으로 주의 율례
들에 완전하게 하사 내가
수치를 당하지 아니하게
하소서
81 나의 영혼이 주의 구원
을 사모하기에 피곤하오
나 나는 주의 말씀을 바
라나이다
82 나의 말이 주께서 언제나
나를 안위하실까 하면서
내 눈이 주의 말씀을 바
라기에 피곤하니이다
83 내가 연기 속의 가죽 부
대같이 되었으나 주의 율

단어

선대하다(119:65) 친절하게 잘 대접하다.
명철(119:66) 총명하고 사리에 밝다.
그릇(119:67) 옳지 않고 잘못되게.
위안(119:76) 위로하여 마음을 편하게 함.
엎드러뜨리다(119:78) 앞으로 넘어지게 하다.
안위하다(119:82) 몸을 편하게 하고 마음을 위로하다.

례들을 잊지 아니하나이
다
84 주의 종의 날이 얼마나
되나이까 나를 핍박하는
자들을 주께서 언제나
심판하시리이까
85 주의 법을 따르지 아니
하는 교만한 자들이 나
를 해하려고 웅덩이를 팠
나이다
86 주의 모든 계명들은 신실
하니이다 그들이 이유 없
이 나를 핍박하오니 나
를 도우소서
87 그들이 나를 세상에서
거의 멸하였으나 나는 주
의 법도들을 버리지 아니
하였사오니
88 주의 인자하심을 따라
나를 살아나게 하소서
그리하시면 주의 입의 교
훈들을 내가 지키리이다
89 여호와여 주의 말씀은
영원히 하늘에 굳게 섰사
오며
90 주의 성실하심은 대대에
이르나이다 주께서 땅을
세우셨으므로 땅이 항상
있사오니
91 천지가 주의 규례들대로
오늘까지 있음은 만물이
주의 종이 된 까닭이니
이다
92 주의 법이 나의 즐거움이
되지 아니하였더면 내가
내 고난 중에 멸망하였으
리이다
93 내가 주의 법도들을 영

원히 잊지 아니하오니 주
께서 이것들 때문에 나
를 살게 하심이니이다
94 나는 주의 것이오니 나를
구원하소서 내가 주의 법
도들만을 찾았나이다
95 악인들이 나를 멸하려고
엿보오나 나는 주의 증거
들만을 생각하겠나이다
96 내가 보니 모든 완전한
것이 다 끝이 있어도 주
의 계명들은 심히 넓으니
이다
97 내가 주의 법을 어찌 그
리 사랑하는지요 내가
그것을 종일 작은 소리로
읊조리나이다

98 주의 계명들이 항상 나
와 함께 하므로 그것들
이 나를 원수보다 지혜롭
게 하나이다
99 내가 주의 증거들을 늘
읊조리므로 나의 명철함
이 나의 모든 스승보다
나으며
100 주의 법도들을 지키므로
나의 명철함이 노인보다
나으니이다
101 내가 주의 말씀을 지키려
고 발을 금하여 모든 악
한 길로 가지 아니하였사
오며
102 주께서 나를 가르치셨으
므로 내가 주의 규례들

단어

핍박하다(119:84) 바싹 죄어서 몹시 괴롭게 굴거나 쫓다.
해하다(119:85) 해롭게 하거나 손상을 입히다.
신실하다(119:86) 믿음성이 있고 진실하다.
엿보다(119:95) 남몰래 가만히 보거나 살피다.
금하다(119:101) 하지 못하게 하다.

에서 떠나지 아니하였나
이다
103 주의 말씀의 맛이 내게
어찌 그리 단지요 내 입
에 꿀보다 더 다니이다
104 주의 법도들로 말미암아
내가 명철하게 되었으므
로 모든 거짓 행위를 미
워하나이다
105 주의 말씀은 내 발에 등
이요 내 길에 빛이니이다
106 주의 의로운 규례들을
지키기로 맹세하고 굳게
정하였나이다
107 나의 고난이 매우 심하오
니 여호와여 주의 말씀
대로 나를 살아나게 하
소서
108 여호와여 구하오니 내 입
이 드리는 자원제물을
받으시고 주의 공의를 내
게 가르치소서
109 나의 생명이 항상 위기에
있사오나 나는 주의 법을
잊지 아니하나이다
110 악인들이 나를 해하려고
올무를 놓았사오나 나는
주의 법도들에서 떠나지
아니하였나이다
111 주의 증거들로 내가 영원
히 나의 기업을 삼았사오
니 이는 내 마음의 즐거
움이 됨이니이다
112 내가 주의 율례들을 영
원히 행하려고 내 마음
을 기울였나이다
113 내가 두 마음 품는 자들
을 미워하고 주의 법을

사랑하나이다
114 주는 나의 은신처요 방
패시라 내가 주의 말씀
을 바라나이다
115 너희 행악자들이여 나를
떠날지어다 나는 내 하
나님의 계명들을 지키리
로다
116 주의 말씀대로 나를 붙
들어 살게 하시고 내 소
망이 부끄럽지 않게 하
소서
117 나를 붙드소서 그리하시
면 내가 구원을 얻고 주
의 율례들에 항상 주의
하리이다
118 주의 율례들에서 떠나는
자는 주께서 다 멸시하
셨으니 그들의 속임수는
허무함이니이다
119 주께서 세상의 모든 악인
들을 찌꺼기같이 버리시
니 그러므로 내가 주의
증거들을 사랑하나이다
120 내 육체가 주를 두려워함
으로 떨며 내가 또 주의
심판을 두려워하나이다
121 내가 정의와 공의를 행하
였사오니 나를 박해하는
자들에게 나를 넘기지
마옵소서
122 주의 종을 보증하사 복
을 얻게 하시고 교만한
자들이 나를 박해하지

단어

올무(119:110) 올가미나 덫 같은 사냥 기구. 여기서는 사람을 얽어매기 위해 꾸민 잔꾀를 말한다.
기울이다(119:112) 정성이나 주의를 모으거나 쏠리게 하다.
보증하다(119:122) 틀림이 없이 믿을 만하다고 책임지고 증명하다.

못하게 하소서
123 내 눈이 주의 구원과 주
의 의로운 말씀을 사모하
기에 피곤하니이다
124 주의 인자하심대로 주의
종에게 행하사 내게 주
의 율례들을 가르치소서
125 나는 주의 종이오니 나
를 깨닫게 하사 주의 증
거들을 알게 하소서
126 그들이 주의 법을 폐하였
사오니 지금은 여호와께
서 일하실 때니이다
127 그러므로 내가 주의 계
명들을 금 곧 순금보다
더 사랑하나이다
128 그러므로 내가 범사에
모든 주의 법도들을 바
르게 여기고 모든 거짓
행위를 미워하나이다
129 주의 증거들은 놀라우므
로 내 영혼이 이를 지키
나이다
130 주의 말씀을 열면 빛이
비치어 우둔한 사람들을
깨닫게 하나이다
131 내가 주의 계명들을 사모
하므로 내가 입을 열고
헐떡였나이다
132 주의 이름을 사랑하는
자들에게 베푸시던 대로
내게 돌이키사 내게 은혜
를 베푸소서
133 나의 발걸음을 주의 말
씀에 굳게 세우시고 어
떤 죄악도 나를 주관하
지 못하게 하소서
134 사람의 박해에서 나를

구원하소서 그리하시면
내가 주의 법도들을 지키
리이다
135 주의 얼굴을 주의 종에
게 비추시고 주의 율례
로 나를 가르치소서
136 그들이 주의 법을 지키지
아니하므로 내 눈물이
시냇물같이 흐르나이다
137 여호와여 주는 의로우시
고 주의 판단은 옳으니
이다
138 주께서 명령하신 증거들
은 의롭고 지극히 성실하
니이다
139 내 대적들이 주의 말씀
을 잊어버렸으므로 내 열
정이 나를 삼켰나이다
140 주의 말씀이 심히 순수
하므로 주의 종이 이를
사랑하나이다
141 내가 미천하여 멸시를 당
하나 주의 법도를 잊지
아니하였나이다
142 주의 의는 영원한 의요 주
의 율법은 진리로소이다
143 환난과 우환이 내게 미
쳤으나 주의 계명은 나의
즐거움이니이다
144 주의 증거들은 영원히 의
로우시니 나로 하여금 깨
닫게 하사 살게 하소서
145 여호와여 내가 전심으로
부르짖었사오니 내게 응

단어

범사(119:128) 갖가지의 모든 일. 또는 온갖 일.
헐떡이다(119:131) 숨을 자꾸 몹시 가쁘고 급하게 쉬다.
지극히(119:138) 더할 나위 없이 아주.
미천하다(119:141) 보잘것없고 천하다.
우환(119:143) 집안에 복잡한 일이나 환자가 생겨서 나는 걱정이나 근심.

답하소서 내가 주의 교
훈들을 지키리이다
146 내가 주께 부르짖었사오
니 나를 구원하소서 내
가 주의 증거들을 지키리
이다
147 내가 날이 밝기 전에 부
르짖으며 주의 말씀을
바랐사오며
148 주의 말씀을 조용히 읊
조리려고 내가 새벽녘에
눈을 떴나이다
149 주의 인자하심을 따라
내 소리를 들으소서 여
호와여 주의 규례들을
따라 나를 살리소서
150 악을 따르는 자들이 가
까이 왔사오니 그들은 주
의 법에서 머니이다
151 여호와여 주께서 가까이
계시오니 주의 모든 계명
들은 진리니이다
152 내가 전부터 주의 증거들
을 알고 있었으므로 주
께서 영원히 세우신 것
인 줄을 알았나이다
153 나의 고난을 보시고 나
를 건지소서 내가 주의
율법을 잊지 아니함이니
이다
154 주께서 나를 변호하시고
나를 구하사 주의 말씀
대로 나를 살리소서
155 구원이 악인들에게서 멀
어짐은 그들이 주의 율
례들을 구하지 아니함이
니이다
156 여호와여 주의 긍휼이

많으오니 주의 규례들에
따라 나를 살리소서
157 나를 핍박하는 자들과
나의 대적들이 많으나 나
는 주의 증거들에서 떠나
지 아니하였나이다
158 주의 말씀을 지키지 아니
하는 거짓된 자들을 내
가 보고 슬퍼하였나이다
159 내가 주의 법도들을 사
랑함을 보옵소서 여호와
여 주의 인자하심을 따
라 나를 살리소서
160 주의 말씀의 강령은 진리
이오니 주의 의로운 모든
규례들은 영원하리이다
161 고관들이 거짓으로 나를
핍박하오나 나의 마음은
주의 말씀만 경외하나이
다
162 사람이 많은 탈취물을
얻은 것처럼 나는 주의
말씀을 즐거워하나이다
163 나는 거짓을 미워하며 싫
어하고 주의 율법을 사
랑하나이다
164 주의 의로운 규례들로
말미암아 내가 하루 일
곱 번씩 주를 찬양하나
이다
165 주의 법을 사랑하는 자
에게는 큰 평안이 있으니
그들에게 장애물이 없으
리이다

단어

읊조리다(119:148) 뜻을 생각하며 감정이나 억양을 넣어 낮은 목소리로 읽거나 외다.
긍휼(119:156) 불쌍하고 가엾게 여겨서 도와줌.
강령(119:160) 어떤 일의 기본이 되는 큰 줄거리.
탈취물(119:162) 강제로 빼앗아 가져간 남의 돈이나 물건.

166 여호와여 내가 주의 구
원을 바라며 주의 계명
들을 행하였나이다
167 내 영혼이 주의 증거들
을 지켰사오며 내가 이를
지극히 사랑하나이다
168 내가 주의 법도들과 증거
들을 지켰사오니 나의 모
든 행위가 주 앞에 있음
이니이다
169 여호와여 나의 부르짖음
이 주의 앞에 이르게 하
시고 주의 말씀대로 나
를 깨닫게 하소서
170 나의 간구가 주의 앞에
이르게 하시고 주의 말
씀대로 나를 건지소서
171 주께서 율례를 내게 가
르치시므로 내 입술이
주를 찬양하리이다
172 주의 모든 계명들이 의
로우므로 내 혀가 주의
말씀을 노래하리이다
173 내가 주의 법도들을 택
하였사오니 주의 손이 항
상 나의 도움이 되게 하
소서
174 여호와여 내가 주의 구원
을 사모하였사오며 주의
율법을 즐거워하나이다
175 내 영혼을 살게 하소서
그리하시면 주를 찬송하
리이다 주의 규례들이
나를 돕게 하소서
176 잃은 양같이 내가 방황
하오니 주의 종을 찾으
소서 내가 주의 계명들
을 잊지 아니함이니이다

120편

120-134편은 포로 생활에서 해방된 이스라엘 백성들이 성전에 올라가면서 부른 찬송시입니다. 이 시에서 시인은 이방인들에게 괴롭힘을 당할 때 하나님이 구원해 주실 것을 간절히 바라고 있습니다.

성전에 올라가는 노래

1 내가 환난 중에 여호와께 부르짖었더니 내게 응답하셨도다
2 여호와여 거짓된 입술과 속이는 혀에서 내 생명을 건져 주소서
3 너 속이는 혀여 무엇을 네게 주며 무엇을 네게 더할꼬
4 장사의 날카로운 화살과 로뎀 나무 숯불이리로다
5 메섹에 머물며 게달의 장막 중에 머무는 것이 내게 화로다
6 내가 화평을 미워하는 자들과 함께 오래 거주하였도다
7 나는 화평을 원할지라도 내가 말할 때에 그들은 싸우려 하는도다

121편

'나의 도움이 어디서 올까' 질문을 던지고, 그에 대한 대답을 하는 형식으로 하나님께서 어떻게 이스라엘과 그의 백성들을 도우시는지 찬양하고 있습니다. 하나님은 언제나 우리를 지키십니다.

성전에 올라가는 노래

1 내가 산을 향하여 눈을 들리라 나의 도움이 어디서 올까
2 나의 도움은 천지를 지으신 여호와에게서로다
3 여호와께서 너를 실족하

단어

간구(119:170) 간절히 바라고 구함.
사모하다(119:174) 마음에 두고 애틋하게 생각하며 그리워하다.
방황하다(119:176) 이리저리 정처 없이 헤매며 다니다.
실족하다(121:3) 발을 잘못 디디다. 행동을 잘못한 것을 비유적으로 이르는 말.

지 아니하게 하시며 너를
지키시는 이가 졸지 아니
하시리로다
4 이스라엘을 지키시는 이
는 졸지도 아니하시고 주
무시지도 아니하시리로
다
5 여호와는 너를 지키시는
이시라 여호와께서 네 오
른쪽에서 네 그늘이 되
시나니
6 낮의 해가 너를 상하게 하
지 아니하며 밤의 달도 너
를 해치지 아니하리로다
7 여호와께서 너를 지켜
모든 환난을 면하게 하
시며 또 네 영혼을 지키
시리로다
8 여호와께서 너의 출입을
지금부터 영원까지 지키
시리로다

122편 예루살렘으로 올라가는 절기에 불렀던 기쁨과 축복의 찬양입니다. 하나님의 성전이 있는 예루살렘을 찬양하며, 그곳에 사는 자들에게 하나님의 평화와 형통함이 있기를 간절히 바라는 시입니다.

다윗의 시 곧 성전에 올라가는 노래

1 사람이 내게 말하기를 여
호와의 집에 올라가자 할
때에 내가 기뻐하였도다
2 예루살렘아 우리 발이
네 성문 안에 섰도다
3 예루살렘아 너는 잘 짜
여진 성읍과 같이 건설되
었도다
4 지파들 곧 여호와의 지
파들이 여호와의 이름에
감사하려고 이스라엘의
전례대로 그리로 올라가
는도다

5 거기에 심판의 보좌를
두셨으니 곧 다윗의 집
의 보좌로다
6 예루살렘을 위하여 평안
을 구하라 예루살렘을
사랑하는 자는 형통하리
로다
7 네 성 안에는 평안이 있
고 네 궁중에는 형통함
이 있을지어다
8 내가 내 형제와 친구를
위하여 이제 말하리니
네 가운데에 평안이 있
을지어다
9 여호와 우리 하나님의 집
을 위하여 내가 너를 위
하여 복을 구하리로다

123편

하나님의 백성이 부유하고 교만하게 살아가는 원수들에게 큰 수모를 겪고, 멸시당하고 있음을 안타까워하면서, 하나님이 개입하셔서 돌보아 주시기를 간절히 바라고 있습니다.

성전에 올라가는 노래

1 하늘에 계시는 주여 내
가 눈을 들어 주께 향하
나이다
2 상전의 손을 바라보는
종들의 눈같이, 여주인
의 손을 바라보는 여종
의 눈같이 우리의 눈이
여호와 우리 하나님을
바라보며 우리에게 은혜
베풀어 주시기를 기다리
나이다
3 여호와여 우리에게 은혜
를 베푸시고 또 은혜를

단어

면하다(121:7) 화나 곤란한 상황을 맞지 않게 되거나 피하다.
전례(122:4) 이전부터 있었던 사례.
평안(122:6) 걱정이나 탈이 없음.
형통하다(122:6) 모든 일이 뜻대로 잘되어 가다.
상전(123:2) 종에 상대하여 그 주인을 이르던 말.

베푸소서 심한 멸시가 우
리에게 넘치나이다
4 안일한 자의 조소와 교
만한 자의 멸시가 우리
영혼에 넘치나이다

124편

이스라엘의 편에서 싸우며 도와주신 하나님의 보호하심으로 원수와 적들의 손에서 구원받은 이스라엘이 마치 사냥꾼에게 풀려난 새처럼 구원과 승리를 얻었음을 노래하고 있습니다.

다윗의 시 곧 성전에 올라가는 노래

1 이스라엘은 이제 말하기
를 여호와께서 우리 편에
계시지 아니하셨더라면
우리가 어떻게 하였으랴
2 사람들이 우리를 치러 일
어날 때에 여호와께서 우
리 편에 계시지 아니하셨
더라면
3 그때에 그들의 노여움이
우리에게 맹렬하여 우리
를 산 채로 삼켰을 것이
며
4 그때에 물이 우리를 휩쓸
며 시내가 우리 영혼을
삼켰을 것이며
5 그때에 넘치는 물이 우리
영혼을 삼켰을 것이라
할 것이로다
6 우리를 내주어 그들의 이
에 씹히지 아니하게 하신
여호와를 찬송할지로다
7 우리의 영혼이 사냥꾼의
올무에서 벗어난 새같
이 되었나니 올무가 끊
어지므로 우리가 벗어났
도다
8 우리의 도움은 천지를 지
으신 여호와의 이름에
있도다

125편

대적들이 예루살렘을 에워쌌으나, 하나님의 보호로 감히 예루살렘을 넘볼 수 없음을 확신하며 노래합니다. 진정한 신앙인은 하나님의 성전이 있는 시온 산처럼 어떠한 어려움에도 요동치 않습니다.

성전에 올라가는 노래

1 여호와를 의지하는 자는
시온 산이 흔들리지 아
니하고 영원히 있음 같도
다
2 산들이 예루살렘을 두름
과 같이 여호와께서 그
의 백성을 지금부터 영원
까지 두르시리로다
3 악인의 규가 의인들의
땅에서는 그 권세를 누
리지 못하리니 이는 의
인들로 하여금 죄악에
손을 대지 아니하게 함
이로다
4 여호와여 선한 자들과
마음이 정직한 자들에게
선대하소서
5 자기의 굽은 길로 치우
치는 자들은 여호와께서
죄를 범하는 자들과 함
께 다니게 하시리로다 이
스라엘에게는 평강이 있
을지어다

126편

전능하신 하나님께서 이스라엘 민족을 포로 생활에서 해방시켜, 예루살렘으로 돌아오게 하신 일을 기쁨과 감격으로 찬양합니다. 또한 남은 자들의 귀환을 간구하고 있습니다.

성전에 올라가는 노래

1 여호와께서 시온의 포
로를 돌려 보내실 때에
우리는 꿈꾸는 것 같았

단어

안일하다(123:4) 편안하고 한가하다.
휩쓸다(124:4) 두루 영향을 끼쳐 피해를 입히다.
올무(124:7) 올가미나 덫 같은 사냥 기구. 여기서는 사람을 얽어매기 위해 꾸민 잔꾀를 말한다.
권세(125:3) 권력과 세력을 아울러 이르는 말.
포로(126:1) 전쟁에서 사로잡힌 적군.

도다
2 그때에 우리 입에는 웃
음이 가득하고 우리 혀
에는 찬양이 찼었도다
그때에 뭇 나라 가운데
에서 말하기를 여호와께
서 그들을 위하여 큰 일
을 행하셨다 하였도다
3 여호와께서 우리를 위하
여 큰 일을 행하셨으니
우리는 기쁘도다
4 여호와여 우리의 포로를
남방 시내들같이 돌려
보내소서
5 눈물을 흘리며 씨를 뿌
리는 자는 기쁨으로 거
두리로다
6 울며 씨를 뿌리러 나가
는 자는 반드시 기쁨으
로 그 곡식 단을 가지고
돌아오리로다

127편 솔로몬의 지혜시로서 스스로 노력하는 힘을 의지하지 말고, 우리의 주인이신 하나님을 인식하고, 모든 삶을 인도하시는 하나님께 순종하는 자만이 참된 평안을 누릴 수 있다는 교훈을 주는 시입니다.

솔로몬의 시 곧 성전에 올라가는 노래

1 여호와께서 집을 세우지
아니하시면 세우는 자의
수고가 헛되며 여호와께
서 성을 지키지 아니하시
면 파수꾼의 깨어 있음
이 헛되도다
2 너희가 일찍이 일어나고
늦게 누우며 수고의 떡
을 먹음이 헛되도다 그
러므로 여호와께서 그의
사랑하시는 자에게는 잠
을 주시는도다
3 보라 자식들은 여호와의

기업이요 태의 열매는 그
의 상급이로다
4 젊은 자의 자식은 장사
의 수중의 화살 같으니
5 이것이 그의 화살통에
가득한 자는 복되도다
그들이 성문에서 그들의
원수와 담판할 때에 수
치를 당하지 아니하리로
다

128편 하나님을 경외하는 자들이 받을 가정적인 축복과 그들이 모여 사는 공동체가 함께 누리는 행복을 노래하고 있습니다. 의인은 하나님 안에서 풍성한 열매를 맺는 포도나무와 같습니다.

성전에 올라가는 노래

1 여호와를 경외하며 그의
길을 걷는 자마다 복이
있도다
2 네가 네 손이 수고한 대
로 먹을 것이라 네가 복
되고 형통하리로다
3 네 집 안방에 있는 네 아
내는 결실한 포도나무 같
으며 네 식탁에 둘러 앉
은 자식들은 어린 감람
나무 같으리로다
4 여호와를 경외하는 자는
이같이 복을 얻으리로다
5 여호와께서 시온에서 네
게 복을 주실지어다 너
는 평생에 예루살렘의
번영을 보며
6 네 자식의 자식을 볼지어
다 이스라엘에게 평강이
있을지로다

단어

파수꾼(127:1) 일정한 곳에서 경계를 하며 지키는 일을 하는 사람.
상급(127:3) 잘한 일에 대한 대가나 상으로 줌.
담판하다(127:5) 어떤 사람이 다른 사람과 문제를 서로 의논하여 시비를 가리다.
결실하다(128:3) 식물이 열매를 맺다.

129편

과거에 경험한 수많은 괴롭힘과 고난 중에서도 하나님께서 지켜 주셨던 일들을 기억하면서, 앞으로도 시온을 미워하고 대적하여 일어난 원수들을 무너뜨리실 하나님을 기대합니다.

성전에 올라가는 노래

1 이스라엘은 이제 말하기
를 그들이 내가 어릴 때
부터 여러 번 나를 괴롭
혔도다
2 그들이 내가 어릴 때부터
여러 번 나를 괴롭혔으나
나를 이기지 못하였도다
3 밭 가는 자들이 내 등을
갈아 그 고랑을 길게 지
었도다
4 여호와께서는 의로우사
악인들의 줄을 끊으셨도
다
5 무릇 시온을 미워하는
자들은 수치를 당하여
물러갈지어다
6 그들은 지붕의 풀과 같을
지어다 그것은 자라기 전
에 마르는 것이라
7 이런 것은 베는 자의 손
과 묶는 자의 품에 차지
아니하나니
8 지나가는 자들도 여호와
의 복이 너희에게 있을지
어다 하거나 우리가 여호
와의 이름으로 너희에게
축복한다 하지 아니하느
니라

130편

고난 중에 자신의 죄를 깨달은 시인은 죄를 회개하며 하나님의 용서와 구원을 간절히 구합니다. 시인의 이런 모습은 하나님의 사랑과 구원을 신뢰하는 확고한 믿음을 보여줍니다.

성전에 올라가는 노래

1 여호와여 내가 깊은 곳에
서 주께 부르짖었나이다

2 주여 내 소리를 들으시며
나의 부르짖는 소리에 귀
를 기울이소서
3 여호와여 주께서 죄악을
지켜보실진대 주여 누가
서리이까
4 그러나 사유하심이 주께
있음은 주를 경외하게
하심이니이다
5 나 곧 내 영혼은 여호와
를 기다리며 나는 주의
말씀을 바라는도다
6 파수꾼이 아침을 기다림
보다 내 영혼이 주를 더
기다리나니 참으로 파수
꾼이 아침을 기다림보다
더하도다
7 이스라엘아 여호와를 바
랄지어다 여호와께서는
인자하심과 풍성한 속량
이 있음이라
8 그가 이스라엘을 그의
모든 죄악에서 속량하시
리로다

131편

하나님을 의지하는 자가 누리는 마음의 평안을 노래하는 다윗의 시입니다. 자신을 겸손히 낮추고, 오직 피난처 되신 하나님을 신뢰하고 전심으로 의지할 때 참 평안을 가질 수 있습니다.

다윗의 시 곧 성전에 올라가는 노래

1 여호와여 내 마음이 교
만하지 아니하고 내 눈이
오만하지 아니하오며 내
가 큰 일과 감당하지 못
할 놀라운 일을 하려고
힘쓰지 아니하나이다

단어

고랑(129:3) 두둑한 두 땅 사이에 좁고 길게 들어간 곳.
무릇(129:5) 대체로 생각해 보아.
사유하다(130:4) 죄를 용서해 주다.
속량(130:7) 값을 대신 지불해 주는 일. 예수님께서 우리를 대신해 십자가에 못박혀 죽음으로 우리 죄를 대속하신 것을 생각할 수 있다.

2 실로 내가 내 영혼으로
고요하고 평온하게 하기
를 젖 뗀 아이가 그의 어
머니 품에 있음 같게 하
였나니 내 영혼이 젖 뗀
아이와 같도다
3 이스라엘아 지금부터 영
원까지 여호와를 바랄지
어다

132편

다윗은 하나님의 법궤를 예루살렘으로 옮기고 싶었습니다. 이 시는 그 소망이 이루어지는 과정과 함께 하나님께서 자신과 맺은 언약을 언급하며 그 언약을 지키시는 하나님을 찬양하고 있습니다.

성전에 올라가는 노래

1 여호와여 다윗을 위하여
그의 모든 겸손을 기억
하소서
2 그가 여호와께 맹세하며
야곱의 전능자에게 서원
하기를
3 내가 내 장막 집에 들어
가지 아니하며 내 침상
에 오르지 아니하고
4 내 눈으로 잠들게 하지
아니하며 내 눈꺼풀로 졸
게 하지 아니하기를
5 여호와의 처소 곧 야곱
의 전능자의 성막을 발견
하기까지 하리라 하였나
이다
6 우리가 그것이 에브라다
에 있다 함을 들었더니
나무 밭에서 찾았도다
7 우리가 그의 계신 곳으
로 들어가서 그의 발등
상 앞에서 엎드려 예배하
리로다
8 여호와여 일어나사 주의
권능의 궤와 함께 평안

한 곳으로 들어가소서
9 주의 제사장들은 의를
옷 입고 주의 성도들은
즐거이 외칠지어다
10 주의 종 다윗을 위하여
주의 기름부음 받은 자
의 얼굴을 외면하지 마
옵소서
11 여호와께서 다윗에게 성
실히 맹세하셨으니 변하
지 아니하실지라 이르시
기를 네 몸의 소생을 네
왕위에 둘지라
12 네 자손이 내 언약과 그
들에게 교훈하는 내 증
거를 지킬진대 그들의 후
손도 영원히 네 왕위에

앉으리라 하셨도다
13 여호와께서 시온을 택하
시고 자기 거처를 삼고자
하여 이르시기를
14 이는 내가 영원히 쉴 곳
이라 내가 여기 거주할
것은 이를 원하였음이로
다
15 내가 이 성의 식료품에
풍족히 복을 주고 떡으
로 그 빈민을 만족하게
하리로다
16 내가 그 제사장들에게
구원을 옷 입히리니 그
성도들은 즐거이 외치리
로다
17 내가 거기서 다윗에게

단어

고요하다(131:2) 잠잠하고 조용하다.
서원하다(132:2) 하나님께 은혜를 구하고, 그 보답으로 어떤 선행을 하겠다고 맹세하다.
발등상(132:7) 나무를 상 모양으로 짜 만들어 발을 올려놓는 데 쓰는 가구.
소생(132:11) 자기가 낳은 아들이나 딸.

뿔이 나게 할 것이라 내
가 내 기름부음 받은 자
를 위하여 등을 준비하
였도다
18 내가 그의 원수에게는
수치를 옷 입히고 그에게
는 왕관이 빛나게 하리
라 하셨도다

133편 이스라엘이 함께 살며 하나님을 경외하는 것이 얼마나 아름다운지를 노래하는 시입니다. 이스라엘 모든 지파가 다윗을 왕으로 세운 후 또는 법궤를 예루살렘으로 옮긴 후 쓴 것으로 추측합니다.

다윗의 시 곧 성전에 올라가는 노래

1 보라 형제가 연합하여 동
거함이 어찌 그리 선하고
아름다운고
2 머리에 있는 보배로운 기
름이 수염 곧 아론의 수
염에 흘러서 그의 옷깃까
지 내림 같고
3 헐몬의 이슬이 시온의
산들에 내림 같도다 거
기서 여호와께서 복을
명령하셨나니 곧 영생이
로다

134편 성전에서 봉사하는 레위 사람과 성전을 찾아온 순례자들이 서로 주고받는 형식으로, 하나님을 찬양할 것을 외칩니다. 120편부터 시작된 '성전에 올라가는 노래'는 본 시편에서 끝납니다.

성전에 올라가는 노래

1 보라 밤에 여호와의 성전
에 서 있는 여호와의 모
든 종들아 여호와를 송
축하라
2 성소를 향하여 너희 손
을 들고 여호와를 송축
하라
3 천지를 지으신 여호와께
서 시온에서 네게 복을
주실지어다

135편 '할렐루야'로 시작해서 '할렐루야'로 끝나는 시입니다. 세상을 창조하고 다스리시며, 택한 백성인 이스라엘의 역사 속에서 그들을 불쌍히 여기셔서 늘 도우신 하나님을 찬양할 것을 요청하는 찬양시입니다.

1 할렐루야 여호와의 이름
을 찬송하라 여호와의
종들아 찬송하라
2 여호와의 집 우리 여호
와의 성전 곧 우리 하나
님의 성전 뜰에 서 있는
너희여
3 여호와를 찬송하라 여호
와는 선하시며 그의 이
름이 아름다우니 그의
이름을 찬양하라
4 여호와께서 자기를 위하
여 야곱 곧 이스라엘을
자기의 특별한 소유로 택
하셨음이로다
5 내가 알거니와 여호와께
서는 위대하시며 우리 주
는 모든 신들보다 위대하
시도다
6 여호와께서 그가 기뻐하
시는 모든 일을 천지와
바다와 모든 깊은 데서
다 행하셨도다
7 안개를 땅 끝에서 일으
키시며 비를 위하여 번개
를 만드시며 바람을 그
곳간에서 내시는도다
8 그가 애굽의 처음 난 자
를 사람부터 짐승까지 치
셨도다
9 애굽이여 여호와께서 네

단어

보배롭다(133:2) 보배와 같이 귀중하고 가치가 있을 만하다.
성소(134:2) 제사장이 하나님께 제물을 바치고 의식을 행하던 거룩한 곳.
할렐루야(135:1) 여호와를 찬양하라는 뜻으로, 하나님을 찬송하며 감사와 기쁨을 나타내는 말.

게 행한 표적들과 징조
들을 바로와 그의 모든
신하들에게 보내셨도다
10 그가 많은 나라를 치시
고 강한 왕들을 죽이셨
나니
11 곧 아모리인의 왕 시혼과
바산 왕 옥과 가나안의
모든 국왕이로다
12 그들의 땅을 기업으로 주
시되 자기 백성 이스라엘
에게 기업으로 주셨도다
13 여호와여 주의 이름이
영원하시니이다 여호와
여 주를 기념함이 대대
에 이르리이다
14 여호와께서 자기 백성을
판단하시며 그의 종들로
말미암아 위로를 받으시
리로다
15 열국의 우상은 은금이요
사람의 손으로 만든 것
이라
16 입이 있어도 말하지 못하
며 눈이 있어도 보지 못
하며
17 귀가 있어도 듣지 못하며
그들의 입에는 아무 호흡
도 없나니
18 그것을 만든 자와 그것
을 의지하는 자가 다 그
것과 같으리로다
19 이스라엘 족속아 여호와
를 송축하라 아론의 족
속아 여호와를 송축하라
20 레위 족속아 여호와를
송축하라 여호와를 경외
하는 너희들아 여호와를

송축하라

21 예루살렘에 계시는 여호
와는 시온에서 찬송을
받으실지어다 할렐루야

136편

하나님의 창조와 이스라엘의 역사를 언급하며 '그 인자하심이 영원하다'라는 구절을 반복하며 찬양합니다. 성전에서 예배할 때, 찬양 인도자와 순례자들이 서로 주고받으며 찬양한 시로 추측합니다.

1 여호와께 감사하라 그는
선하시며 그 인자하심이
영원함이로다

2 신들 중에 뛰어난 하나님
께 감사하라 그 인자하
심이 영원함이로다

3 주들 중에 뛰어난 주께
감사하라 그 인자하심이
영원함이로다

4 홀로 큰 기이한 일들을
행하시는 이에게 감사하
라 그 인자하심이 영원
함이로다

5 지혜로 하늘을 지으신
이에게 감사하라 그 인자
하심이 영원함이로다

6 땅을 물 위에 펴신 이에
게 감사하라 그 인자하
심이 영원함이로다

7 큰 빛들을 지으신 이에
게 감사하라 그 인자하
심이 영원함이로다

8 해로 낮을 주관하게 하신
이에게 감사하라 그 인자
하심이 영원함이로다

9 달과 별들로 밤을 주관
하게 하신 이에게 감사하

단어

표적(135:9) 어떤 사건의 진행이 자신의 백성을 위한 하나님의 사역임을 입증하기 위하여 나타나는 일, 기적.

열국(135:15) 여러 나라.

송축하다(135:19) 기리고 축하하다.

주관하다(136:8) 주가 되어 책임지고 맡아 관리하다.

라 그 인자하심이 영원
함이로다
10 애굽의 장자를 치신 이에
게 감사하라 그 인자하
심이 영원함이로다
11 이스라엘을 그들 중에서
인도하여 내신 이에게 감
사하라 그 인자하심이
영원함이로다
12 강한 손과 펴신 팔로 인
도하여 내신 이에게 감사
하라 그 인자하심이 영
원함이로다
13 홍해를 가르신 이에게 감
사하라 그 인자하심이
영원함이로다
14 이스라엘을 그 가운데로
통과하게 하신 이에게 감
사하라 그 인자하심이
영원함이로다
15 바로와 그의 군대를 홍
해에 엎드러뜨리신 이에
게 감사하라 그 인자하
심이 영원함이로다
16 그의 백성을 인도하여
광야를 통과하게 하신
이에게 감사하라 그 인자
하심이 영원함이로다
17 큰 왕들을 치신 이에게
감사하라 그 인자하심이
영원함이로다
18 유명한 왕들을 죽이신
이에게 감사하라 그 인자
하심이 영원함이로다
19 아모리인의 왕 시혼을
죽이신 이에게 감사하라
그 인자하심이 영원함이
로다

20 바산 왕 옥을 죽이신 이
에게 감사하라 그 인자
하심이 영원함이로다
21 그들의 땅을 기업으로
주신 이에게 감사하라
그 인자하심이 영원함이
로다
22 곧 그 종 이스라엘에게
기업으로 주신 이에게 감
사하라 그 인자하심이
영원함이로다
23 우리를 비천한 가운데에
서도 기억해 주신 이에게
감사하라 그 인자하심이
영원함이로다
24 우리를 우리의 대적에게
서 건지신 이에게 감사하
라 그 인자하심이 영원
함이로다
25 모든 육체에게 먹을 것을
주신 이에게 감사하라
그 인자하심이 영원함이
로다
26 하늘의 하나님께 감사하
라 그 인자하심이 영원
함이로다

137편 이스라엘이 바벨론에 포로로 잡혀가 겪은 슬픔과 모욕, 신앙적인 고통을 고백하고 있습니다. 또한 이스라엘이 고난당하는 것을 기뻐하고 조롱하는 원수에 대해 저주를 외치고 있습니다.

1 우리가 바벨론의 여러 강
변 거기에 앉아서 시온
을 기억하며 울었도다
2 그중의 버드나무에 우리
가 우리의 수금을 걸었

단어

인자하다(136:9) 어질고 자애롭다.
장자(136:10) 맨 먼저 낳은 아들.
엎드러뜨리다(136:15) 앞으로 넘어지게 하다.
광야(136:16) 거칠고 황량한 너른 들 또는 사막.
기업(136:21) 대대로 계승되는 사업과 재산.
비천하다(136:23) 낮고 보잘것없다.

나니
3 이는 우리를 사로잡은 자
가 거기서 우리에게 노래
를 청하며 우리를 황폐하
게 한 자가 기쁨을 청하
고 자기들을 위하여 시
온의 노래 중 하나를 노
래하라 함이로다
4 우리가 이방 땅에서 어찌
여호와의 노래를 부를까
5 예루살렘아 내가 너를
잊을진대 내 오른손이
그의 재주를 잊을지로다
6 내가 예루살렘을 기억하
지 아니하거나 내가 가장
즐거워하는 것보다 더 즐
거워하지 아니할진대 내
혀가 내 입천장에 붙을
지로다
7 여호와여 예루살렘이 멸
망하던 날을 기억하시고
에돔 자손을 치소서 그
들의 말이 헐어 버리라
헐어 버리라 그 기초까지
헐어 버리라 하였나이다
8 멸망할 딸 바벨론아 네
가 우리에게 행한 대로
네게 갚는 자가 복이 있
으리로다
9 네 어린 것들을 바위에
메어치는 자는 복이 있으
리로다

138편

하나님의 도우심으로 어려움을 이겨 낸 다윗이 하나님의 은혜에 감사하는 찬송시입니다. 또한 다윗은 하나님의 말씀이 널리 알려져서 세상의 모든 왕들도 하나님을 찬양하기를 소망하고 있습니다.

다윗의 시

1 내가 전심으로 주께 감사
하며 신들 앞에서 주께

찬송하리이다
2 내가 주의 성전을 향하
여 예배하며 주의 인자하
심과 성실하심으로 말미
암아 주의 이름에 감사하
오리니 이는 주께서 주의
말씀을 주의 모든 이름보
다 높게 하셨음이라
3 내가 간구하는 날에 주
께서 응답하시고 내 영
혼에 힘을 주어 나를 강
하게 하셨나이다
4 여호와여 세상의 모든
왕들이 주께 감사할 것
은 그들이 주의 입의 말
씀을 들음이오며
5 그들이 여호와의 도를 노
래할 것은 여호와의 영
광이 크심이니이다
6 여호와께서는 높이 계셔
도 낮은 자를 굽어살피
시며 멀리서도 교만한 자
를 아심이니이다
7 내가 환난 중에 다닐지라
도 주께서 나를 살아나
게 하시고 주의 손을 펴
사 내 원수들의 분노를
막으시며 주의 오른손이
나를 구원하시리이다
8 여호와께서 나를 위하
여 보상해 주시리이다 여
호와여 주의 인자하심이
영원하오니 주의 손으로
지으신 것을 버리지 마

단어

사로잡다(137:3) 사람이나 대상을 산 채로 붙잡다.
황폐하다(137:3) 거칠어져 못 쓰게 되다.
메어치다(137:9) 어깨 너머로 들어올렸다가 바닥에 힘껏 내리치다.
보상하다(138:8) 손해나 손실을 보충하려고 대가를 지불하다.

옵소서

139편

인생의 모든 어려움을 경험하고 노인이 된 다윗이 새롭게 깨닫게 된 하나님을 고백하는 시입니다. 다윗은 무소부재하신 하나님의 전능하심과 연약한 인간을 사랑하시고 인도하심을 찬양하고 있습니다.

다윗의 시, 인도자를 따라 부르는 노래

1 여호와여 주께서 나를
살펴 보셨으므로 나를
아시나이다
2 주께서 내가 앉고 일어섬
을 아시고 멀리서도 나의
생각을 밝히 아시오며
3 나의 모든 길과 내가 눕
는 것을 살펴 보셨으므
로 나의 모든 행위를 익
히 아시오니
4 여호와여 내 혀의 말을
알지 못하시는 것이 하나
도 없으시니이다
5 주께서 나의 앞뒤를 둘
러싸시고 내게 안수하셨
나이다
6 이 지식이 내게 너무 기
이하니 높아서 내가 능
히 미치지 못하나이다
7 내가 주의 영을 떠나 어
디로 가며 주의 앞에서
어디로 피하리이까
8 내가 하늘에 올라갈지라
도 거기 계시며 스올에
내 자리를 펼지라도 거기
계시니이다
9 내가 새벽 날개를 치며
바다 끝에 가서 거주할지
라도
10 거기서도 주의 손이 나
를 인도하시며 주의 오른
손이 나를 붙드시리이다
11 내가 혹시 말하기를 혹

암이 반드시 나를 덮고
나를 두른 빛은 밤이 되
리라 할지라도
12 주에게서는 흑암이 숨기
지 못하며 밤이 낮과 같
이 비추이나니 주에게는
흑암과 빛이 같음이니이
다
13 주께서 내 내장을 지으
시며 나의 모태에서 나를
만드셨나이다
14 내가 주께 감사하옴은
나를 지으심이 심히 기묘
하심이라 주께서 하시는
일이 기이함을 내 영혼이
잘 아나이다
15 내가 은밀한 데서 지음
을 받고 땅의 깊은 곳에
서 기이하게 지음을 받은
때에 나의 형체가 주의
앞에 숨겨지지 못하였나
이다
16 내 형질이 이루어지기 전
에 주의 눈이 보셨으며 나
를 위하여 정한 날이 하
루도 되기 전에 주의 책에
다 기록이 되었나이다
17 하나님이여 주의 생각이
내게 어찌 그리 보배로우
신지요 그 수가 어찌 그
리 많은지요
18 내가 세려고 할지라도 그
수가 모래보다 많도소이
다 내가 깰 때에도 여전

단어

익히(139:3) 자주 대하거나 겪어 잘 알게 될 정도로.
능히(139:6) 막히거나 서투른 데가 없이.
스올(139:8) 죽어서 가는 장소. 음부, 무덤, 지옥으로 번역되기도 한다.
형질(139:16) 생물을 종류에 따라 나눌 때 그 기준이 되는 모든 형태적 특징.

히 주와 함께 있나이다
19 하나님이여 주께서 반드
시 악인을 죽이시리이다
피 흘리기를 즐기는 자
들아 나를 떠날지어다
20 그들이 주를 대하여 악
하게 말하며 주의 원수
들이 주의 이름으로 헛되
이 맹세하나이다
21 여호와여 내가 주를 미
워하는 자들을 미워하지
아니하오며 주를 치러 일
어나는 자들을 미워하지
아니하나이까
22 내가 그들을 심히 미워하
니 그들은 나의 원수들
이니이다
23 하나님이여 나를 살피사
내 마음을 아시며 나를
시험하사 내 뜻을 아옵
소서
24 내게 무슨 악한 행위가
있나 보시고 나를 영원
한 길로 인도하소서

140편 다윗이 하나님께 포악한 원수들의 손에서 구원해주시기를 간절히 기도하는 시입니다. 다윗은 하나님께서 반드시 의인을 보호하신다는 사실을 확신하며, 하나님을 의지하는 것이 최고라고 말합니다.

다윗의 시, 인도자를 따라 부르는 노래

1 여호와여 악인에게서 나
를 건지시며 포악한 자에
게서 나를 보전하소서
2 그들이 마음속으로 악을
꾀하고 싸우기 위하여 매
일 모이오며
3 뱀같이 그 혀를 날카롭
게 하니 그 입술 아래에
는 독사의 독이 있나이
다 (셀라)

4 여호와여 나를 지키사
악인의 손에 빠지지 않
게 하시며 나를 보전하
사 포악한 자에게서 벗어
나게 하소서 그들은 나
의 걸음을 밀치려 하나
이다
5 교만한 자가 나를 해하려
고 올무와 줄을 놓으며
길 곁에 그물을 치며 함
정을 두었나이다 (셀라)
6 내가 여호와께 말하기를
주는 나의 하나님이시니
여호와여 나의 간구하는
소리에 귀를 기울이소서
하였나이다
7 내 구원의 능력이신 주
여호와여 전쟁의 날에
주께서 내 머리를 가려
주셨나이다
8 여호와여 악인의 소원을
허락하지 마시며 그의 악
한 꾀를 이루지 못하게
하소서 그들이 스스로
높일까 하나이다 (셀라)
9 나를 에워싸는 자들이
그들의 머리를 들 때에
그들의 입술의 재난이 그
들을 덮게 하소서
10 뜨거운 숯불이 그들 위
에 떨어지게 하시며 불
가운데와 깊은 웅덩이에
그들로 하여금 빠져 다시
일어나지 못하게 하소서

단어

헛되이(139:20) 아무 보람이나 뜻이 없게.
심히(139:22) 보통의 정도보다 지나치게.
포악하다(140:1) 사납고 악독하다.
셀라(140:3) 정확한 뜻은 알 수 없지만, '높임', '중지'라는 뜻의 히브리어 '살랄'에서 유래한 것으로 추측되는 음악 용어.

11 악담하는 자는 세상에서
굳게 서지 못하며 포악한
자는 재앙이 따라서 패
망하게 하리이다
12 내가 알거니와 여호와는
고난 당하는 자를 변호
해 주시며 궁핍한 자에
게 정의를 베푸시리이다
13 진실로 의인들이 주의 이
름에 감사하며 정직한
자들이 주의 앞에서 살
리이다

141편

영혼의 소리와 육신의 욕심 사이에서 갈등하는 다윗은 하나님이 자신을 구원해 주시기를 간절히 바라고 있습니다. 자신을 죽이려던 사울을 너그러이 대했던 때나 압살롬이 반역을 했을 때 쓴 시로 추측합니다.

다윗의 시

1 여호와여 내가 주를 불
렀사오니 속히 내게 오시
옵소서 내가 주께 부르짖
을 때에 내 음성에 귀를
기울이소서
2 나의 기도가 주의 앞에
분향함과 같이 되며 나
의 손 드는 것이 저녁 제
사같이 되게 하소서
3 여호와여 내 입에 파수
꾼을 세우시고 내 입술
의 문을 지키소서
4 내 마음이 악한 일에 기
울어 죄악을 행하는 자
들과 함께 악을 행하지
말게 하시며 그들의 진
수성찬을 먹지 말게 하
소서
5 의인이 나를 칠지라도 은
혜로 여기며 책망할지라
도 머리의 기름같이 여겨
서 내 머리가 이를 거절

하지 아니할지라 그들의
재난 중에도 내가 항상
기도하리로다
6 그들의 재판관들이 바위
곁에 내려 던져졌도다 내
말이 달므로 무리가 들으
리로다
7 사람이 밭 갈아 흙을 부
스러뜨림같이 우리의 해
골이 스올 입구에 흩어
졌도다
8 주 여호와여 내 눈이 주
께 향하며 내가 주께 피
하오니 내 영혼을 빈궁한
대로 버려 두지 마옵소서
9 나를 지키사 그들이 나
를 잡으려고 놓은 올무
와 악을 행하는 자들의
함정에서 벗어나게 하옵
소서
10 악인은 자기 그물에 걸리
게 하시고 나만은 온전
히 면하게 하소서

142편

다윗이 의지하고 도움을 구할 사람도 없고, 피할 곳도 없는 외롭고 절망적인 상태에서 지은 시입니다. 다윗은 원수들의 괴롭힘으로 고통받는 자신을 구원해 주시기를 하나님께 기도하고 있습니다.

다윗이 굴에 있을 때에 지은 마스길 곧 기도

1 내가 소리 내어 여호와께
부르짖으며 소리 내어 여
호와께 간구하는도다
2 내가 내 원통함을 그의
앞에 토로하며 내 우환
을 그의 앞에 진술하는
도다

단어

악담하다(140:11) 남을 비방하거나, 남이 잘못되도록 저주하다.
진수성찬(141:4) 푸짐하게 잘 차린 맛있는 음식.
원통하다(142:2) 몹시 억울하여 가슴이 아프다.
토로하다(142:2) 마음속에 품고 있는 생각이나 감정을 다 드러내어 말하다.

3 내 영이 내 속에서 상할
때에도 주께서 내 길을
아셨나이다 내가 가는
길에 그들이 나를 잡으려
고 올무를 숨겼나이다
4 오른쪽을 살펴 보소서
나를 아는 이도 없고 나
의 피난처도 없고 내 영
혼을 돌보는 이도 없나
이다
5 여호와여 내가 주께 부르
짖어 말하기를 주는 나의
피난처시요 살아 있는 사
람들의 땅에서 나의 분깃
이시라 하였나이다
6 나의 부르짖음을 들으소
서 나는 심히 비천하니이
다 나를 핍박하는 자들
에게서 나를 건지소서 그
들은 나보다 강하니이다
7 내 영혼을 옥에서 이끌
어 내사 주의 이름을 감
사하게 하소서 주께서
나에게 갚아 주시리니 의
인들이 나를 두르리이다

143편

다윗은 자신이 고통 가운데 있게 된 것이 자신의 죄악 때문임을 깨닫고 하나님의 긍휼을 구하며 회개했습니다. 또한 한결같은 사랑을 주시는 하나님께 긍휼을 베풀어 주실 것을 간절히 기도드립니다.

다윗의 시

1 여호와여 내 기도를 들
으시며 내 간구에 귀를
기울이시고 주의 진실과
의로 내게 응답하소서
2 주의 종에게 심판을 행
하지 마소서 주의 눈 앞
에는 의로운 인생이 하나
도 없나이다
3 원수가 내 영혼을 핍박

하며 내 생명을 땅에 엎
어서 나로 죽은 지 오랜
자같이 나를 암흑 속에
두었나이다
4 그러므로 내 심령이 속에
서 상하며 내 마음이 내
속에서 참담하니이다
5 내가 옛날을 기억하고 주
의 모든 행하신 것을 읊
조리며 주의 손이 행하
는 일을 생각하고
6 주를 향하여 손을 펴고
내 영혼이 마른 땅같이
주를 사모하나이다 (셀라)
7 여호와여 속히 내게 응
답하소서 내 영이 피곤
하니이다 주의 얼굴을 내
게서 숨기지 마소서 내가
무덤에 내려가는 자 같을
까 두려워하나이다
8 아침에 나로 하여금 주의
인자한 말씀을 듣게 하소
서 내가 주를 의뢰함이니
이다 내가 다닐 길을 알
게 하소서 내가 내 영혼
을 주께 드림이니이다
9 여호와여 나를 내 원수
들에게서 건지소서 내가
주께 피하여 숨었나이다
10 주는 나의 하나님이시니
나를 가르쳐 주의 뜻을
행하게 하소서 주의 영
은 선하시니 나를 공평
한 땅에 인도하소서

단어

분깃(142:5) 재산의 한몫을 유산으로 나누어주는 일.
참담하다(143:4) 마음이 몹시 슬프고 괴롭다.
읊조리다(143:5) 뜻을 생각하며 감정이나 억양을 넣어 낮은 목소리로 읽거나 외다.
사모하다(143:6) 마음에 두고 애틋하게 생각하며 그리워하다.

11 여호와여 주의 이름을
위하여 나를 살리시고
주의 의로 내 영혼을 환
난에서 끌어내소서
12 주의 인자하심으로 나의
원수들을 끊으시고 내
영혼을 괴롭게 하는 자
를 다 멸하소서 나는 주
의 종이니이다

144편

다윗이 골리앗과 싸운 때에 지은 것으로 추측합니다. 이전의 구원을 기억하며 지금도 그 구원을 간구합니다. 하나님의 주권을 인정하며 그분을 의지하는 자들이 얻게 될 축복을 언급합니다.

다윗의 시

1 나의 반석이신 여호와를
찬송하리로다 그가 내
손을 가르쳐 싸우게 하
시며 손가락을 가르쳐 전
쟁하게 하시는도다
2 여호와는 나의 사랑이시
요 나의 요새이시요 나의
산성이시요 나를 건지시
는 이시요 나의 방패이시
니 내가 그에게 피하였고
그가 내 백성을 내게 복
종하게 하셨나이다
3 여호와여 사람이 무엇이
기에 주께서 그를 알아
주시며 인생이 무엇이기
에 그를 생각하시나이까
4 사람은 헛것 같고 그의
날은 지나가는 그림자 같
으니이다
5 여호와여 주의 하늘을
드리우고 강림하시며 산
들에 접촉하사 연기를 내
게 하소서
6 번개를 번쩍이사 원수들
을 흩으시며 주의 화살

을 쏘아 그들을 무찌르
소서
7 위에서부터 주의 손을
펴사 나를 큰 물과 이방
인의 손에서 구하여 건지
소서
8 그들의 입은 거짓을 말하
며 그의 오른손은 거짓
의 오른손이니이다
9 하나님이여 내가 주께 새
노래로 노래하며 열 줄 비
파로 주를 찬양하리이다
10 주는 왕들에게 구원을
베푸시는 자시요 그의
종 다윗을 그 해하려는
칼에서 구하시는 자시니
이다

11 이방인의 손에서 나를
구하여 건지소서 그들의
입은 거짓을 말하며 그
오른손은 거짓의 오른손
이니이다
12 우리 아들들은 어리다가
장성한 나무들과 같으며
우리 딸들은 궁전의 양
식대로 아름답게 다듬은
모퉁잇돌들과 같으며
13 우리의 곳간에는 백곡이
가득하며 우리의 양은
들에서 천천과 만만으로
번성하며
14 우리 수소는 무겁게 실었
으며 또 우리를 침노하는
일이나 우리가 나아가 막

단어

헛것(144:4) 실제로는 없는데 있는 듯이 보이는 대상.
강림하다(144:5) 신이 인간 세상으로 내려오다.
모퉁잇돌(144:12) 건물의 기초를 튼튼히 하기 위해 기둥 밑에 괴는 돌.
침노하다(144:14) 성가시게 달라붙어 손해를 끼치거나 해치다.

는 일이 없으며 우리 거
리에는 슬피 부르짖음이
없을진대
15 이러한 백성은 복이 있나
니 여호와를 자기 하나
님으로 삼는 백성은 복
이 있도다

145편 임금님이신 하나님의 능력을 찬양하는 시입니다. 하나님이 어떤 분이신지를 알았던 다윗은 은혜롭고 자비로우신 그 하나님을 찬양하며, 다른 사람들에게도 찬양하라고 권하고 있습니다.

다윗의 찬송시

1 왕이신 나의 하나님이여
내가 주를 높이고 영원
히 주의 이름을 송축하
리이다
2 내가 날마다 주를 송축
하며 영원히 주의 이름
을 송축하리이다
3 여호와는 위대하시니 크
게 찬양할 것이라 그의
위대하심을 측량하지 못
하리로다
4 대대로 주께서 행하시는
일을 크게 찬양하며 주의
능한 일을 선포하리로다
5 주의 존귀하고 영광스러
운 위엄과 주의 기이한
일들을 나는 작은 소리
로 읊조리리이다
6 사람들은 주의 두려운
일의 권능을 말할 것이
요 나도 주의 위대하심
을 선포하리이다
7 그들이 주의 크신 은혜
를 기념하여 말하며 주
의 의를 노래하리이다
8 여호와는 은혜로우시며
긍휼이 많으시며 노하기

를 더디 하시며 인자하심
이 크시도다
9 여호와께서는 모든 것을
선대하시며 그 지으신 모
든 것에 긍휼을 베푸시
는도다
10 여호와여 주께서 지으신
모든 것들이 주께 감사
하며 주의 성도들이 주
를 송축하리이다
11 그들이 주의 나라의 영
광을 말하며 주의 업적
을 일러서
12 주의 업적과 주의 나라
의 위엄 있는 영광을 인
생들에게 알게 하리이다
13 주의 나라는 영원한 나
라이니 주의 통치는 대대
에 이르리이다
14 여호와께서는 모든 넘어
지는 자들을 붙드시며
비굴한 자들을 일으키시
는도다
15 모든 사람의 눈이 주를
앙망하오니 주는 때를
따라 그들에게 먹을 것
을 주시며
16 손을 펴사 모든 생물의
소원을 만족하게 하시나
이다
17 여호와께서는 그 모든 행
위에 의로우시며 그 모든
일에 은혜로우시도다
18 여호와께서는 자기에게

단어

측량하다(145:3) 생각하여 헤아리다.
더디다(145:8) 걸리는 시간이 오래다.
긍휼(145:9) 불쌍하고 가엾게 여겨서 도와줌.
비굴하다(145:14) 겁이 많고 줏대가 없어 행동이나 태도가 떳떳하지 못하다.
앙망하다(145:15) 존경하는 마음으로 우러러보다.

간구하는 모든 자 곧 진
실하게 간구하는 모든 자
에게 가까이하시는도다
19 그는 자기를 경외하는
자들의 소원을 이루시며
또 그들의 부르짖음을 들
으사 구원하시리로다
20 여호와께서 자기를 사랑
하는 자들은 다 보호하
시고 악인들은 다 멸하시
리로다
21 내 입이 여호와의 영예를
말하며 모든 육체가 그
의 거룩하신 이름을 영
원히 송축할지로다

146편

마지막 다섯 편의 시는 '할렐루야'로 시작하고 끝나는 시입니다. 소외되고 약한 자를 돌보시는 주님을 높이며, 사람이 믿고 의지할 수 있는 유일한 분은 하나님 한 분뿐임을 강조하고 있습니다.

1 할렐루야 내 영혼아 여
호와를 찬양하라
2 나의 생전에 여호와를 찬
양하며 나의 평생에 내
하나님을 찬송하리로다
3 귀인들을 의지하지 말며
도울 힘이 없는 인생도
의지하지 말지니
4 그의 호흡이 끊어지면 흙
으로 돌아가서 그날에 그
의 생각이 소멸하리로다
5 야곱의 하나님을 자기의
도움으로 삼으며 여호와
자기 하나님에게 자기의
소망을 두는 자는 복이
있도다
6 여호와는 천지와 바다와
그중의 만물을 지으시며
영원히 진실함을 지키시
며

7 억눌린 사람들을 위해
정의로 심판하시며 주린
자들에게 먹을 것을 주
시는 이시로다 여호와께
서는 갇힌 자들에게 자
유를 주시는도다
8 여호와께서 맹인들의 눈
을 여시며 여호와께서 비
굴한 자들을 일으키시며
여호와께서 의인들을 사
랑하시며
9 여호와께서 나그네들을
보호하시며 고아와 과부
를 붙드시고 악인들의 길
은 굽게 하시는도다
10 시온아 여호와는 영원히
다스리시고 네 하나님은
대대로 통치하시리로다
할렐루야

147편

무한한 능력과 지혜로 이스라엘을 포로 생활에서 해방시켜 다시 이스라엘로 돌아오게 하시고, 예루살렘을 다시 세우신 하나님을 찬송합니다. 또한 만물을 다스리고 사랑을 베푸시는 하나님을 찬양합니다.

1 할렐루야 우리 하나님을
찬양하는 일이 선함이여
찬송하는 일이 아름답고
마땅하도다
2 여호와께서 예루살렘을
세우시며 이스라엘의 흩
어진 자들을 모으시며
3 상심한 자들을 고치시며
그들의 상처를 싸매시는
도다
4 그가 별들의 수효를 세시
고 그것들을 다 이름대

단어

가까이하다(145:18) 사람과 사람 사이의 관계를 친밀하게 하다.
경외하다(145:19) 두려워하는 마음으로 공경하다.
멸하다(145:20) 완전히 다 사라지다.
주리다(146:7) 먹을 만큼 먹지 못하여 배를 곯다.
상심하다(147:3) 슬픔, 근심, 절망으로 마음이 상하다.

로 부르시는도다
5 우리 주는 위대하시며 능
력이 많으시며 그의 지혜
가 무궁하시도다
6 여호와께서 겸손한 자들
은 붙드시고 악인들은 땅
에 엎드러뜨리시는도다
7 감사함으로 여호와께 노
래하며 수금으로 하나님
께 찬양할지어다
8 그가 구름으로 하늘을
덮으시며 땅을 위하여
비를 준비하시며 산에
풀이 자라게 하시며
9 들짐승과 우는 까마귀
새끼에게 먹을 것을 주시
는도다
10 여호와는 말의 힘이 세
다 하여 기뻐하지 아니하
시며 사람의 다리가 억세
다 하여 기뻐하지 아니하
시고
11 여호와는 자기를 경외하
는 자들과 그의 인자하
심을 바라는 자들을 기
뻐하시는도다
12 예루살렘아 여호와를 찬
송할지어다 시온아 네 하
나님을 찬양할지어다
13 그가 네 문빗장을 견고
히 하시고 네 가운데에
있는 너의 자녀들에게
복을 주셨으며
14 네 경내를 평안하게 하시
고 아름다운 밀로 너를
배불리시며
15 그의 명령을 땅에 보내시
니 그의 말씀이 속히 달

리는도다
16 눈을 양털같이 내리시며
서리를 재같이 흩으시며
17 우박을 떡 부스러기같이
뿌리시나니 누가 능히 그
의 추위를 감당하리요
18 그의 말씀을 보내사 그
것들을 녹이시고 바람을
불게 하신즉 물이 흐르
는도다
19 그가 그의 말씀을 야곱
에게 보이시며 그의 율례
와 규례를 이스라엘에게
보이시는도다
20 그는 어느 민족에게도
이와 같이 행하지 아니
하셨나니 그들은 그의
법도를 알지 못하였도다
할렐루야

148편

하나님을 높이는 우주적인 대찬양입니다. 하나님이 지으신 모든 피조물에게 하나님을 찬양하라고 명령하고 있습니다. 지위와 남녀노소를 막론하고 모든 사람에게 하나님을 찬양하라고 초청합니다.

1 할렐루야 하늘에서 여호
와를 찬양하며 높은 데
서 그를 찬양할지어다
2 그의 모든 천사여 찬양
하며 모든 군대여 그를
찬양할지어다
3 해와 달아 그를 찬양하
며 밝은 별들아 다 그를
찬양할지어다
4 하늘의 하늘도 그를 찬양
하며 하늘 위에 있는 물
들도 그를 찬양할지어다

단어

억세다(147:10) 힘이 몹시 강하다.
문빗장(147:13) 문을 닫고 가로질러 잠그는 막대.
경내(147:14) 일정한 지역이나 경계의 안.
서리(147:16) 맑고 바람 없는 밤에 기온이 영하로 내려갈 때, 공기 중의 수증기가 지면이나 땅 위의 물체 표면에 닿아서 잔얼음으로 부옇게 엉긴 것.

5 그것들이 여호와의 이름
을 찬양함은 그가 명령
하시므로 지음을 받았음
이로다
6 그가 또 그것들을 영원
히 세우시고 폐하지 못
할 명령을 정하셨도다
7 너희 용들과 바다여 땅
에서 여호와를 찬양하라
8 불과 우박과 눈과 안개
와 그의 말씀을 따르는
광풍이며
9 산들과 모든 작은 산과
과수와 모든 백향목이며
10 짐승과 모든 가축과 기
는 것과 나는 새며
11 세상의 왕들과 모든 백
성들과 고관들과 땅의
모든 재판관들이며
12 총각과 처녀와 노인과 아
이들아
13 여호와의 이름을 찬양할
지어다 그의 이름이 홀
로 높으시며 그의 영광
이 땅과 하늘 위에 뛰어
나심이로다
14 그가 그의 백성의 뿔을
높이셨으니 그는 모든 성
도 곧 그를 가까이하는
백성 이스라엘 자손의
찬양 받을 이시로다 할
렐루야

149편

택한 백성 이스라엘을 보호하시고 통치하시는 하나님을 높여 드립니다. 하나님의 백성을 대적하는 원수들을 심판하시고 이스라엘을 영화롭게 해주심을 믿고 찬양하고 있습니다.

1 할렐루야 새 노래로 여
호와께 노래하며 성도의
모임 가운데에서 찬양할

지어다
2 이스라엘은 자기를 지으
신 이로 말미암아 즐거워
하며 시온의 주민은 그들
의 왕으로 말미암아 즐거
워할지어다
3 춤 추며 그의 이름을 찬
양하며 소고와 수금으로
그를 찬양할지어다
4 여호와께서는 자기 백성
을 기뻐하시며 겸손한 자
를 구원으로 아름답게
하심이로다
5 성도들은 영광 중에 즐거
워하며 그들의 침상에서
기쁨으로 노래할지어다
6 그들의 입에는 하나님에
대한 찬양이 있고 그들
의 손에는 두 날 가진 칼
이 있도다
7 이것으로 뭇 나라에 보
수하며 민족들을 벌하며
8 그들의 왕들은 사슬로,
그들의 귀인은 철고랑으
로 결박하고
9 기록한 판결대로 그들에
게 시행할지로다 이런 영
광은 그의 모든 성도에
게 있도다 할렐루야

150편 시편 전체를 정리하는 할렐루야 시로서, 하나님이 어디에서, 왜, 누구에게 찬양을 받으셔야 하는지를 잘 말해 주고 있습니다. 시인은 숨쉬는 모든 사람들이 하나님을 찬양할 것을 강조하고 있습니다.

1 할렐루야 그의 성소에서
하나님을 찬양하며 그의

단어

할렐루야(149:1) 여호와를 찬양하라는 뜻으로, 하나님을 찬송하며 감사와 기쁨을 나타내는 말.
뭇(149:7) 하나가 아닌 여러.
결박하다(149:8) 움직이지 못하게 몸이나 손을 묶다.
시행하다(149:9) 제도나 법을 현실적으로 그 효력을 발생시키다.

권능의 궁창에서 그를
찬양할지어다
2 그의 능하신 행동을 찬
양하며 그의 지극히 위
대하심을 따라 찬양할지
어다
3 나팔 소리로 찬양하며
비파와 수금으로 찬양할
지어다
4 소고 치며 춤 추어 찬양
하며 현악과 퉁소로 찬
양할지어다
5 큰 소리 나는 제금으로
찬양하며 높은 소리 나는
제금으로 찬양할지어다
6 호흡이 있는 자마다 여
호와를 찬양할지어다 할
렐루야

복 있는 사람은 악인들의 꾀를 따르지 아니하며

죄인들의 길에 서지 아니하며

오만한 자들의 자리에 앉지 아니하고

오직 여호와의 율법을 즐거워하여

그의 율법을 주야로 묵상하는도다

- 시편 1:1-2

온 가족이 함께하는

시편 150편 따라쓰기

초판 1쇄 발행 2021년 8월 31일
초판 2쇄 발행 2025년 10월 30일

엮은이 편집부

펴낸이 곽성종
펴낸곳 (주)아가페출판사
등록 제21-754호(1995년 4월 12일)
주소 (08806) 서울시 관악구 남부순환로 2082-33
전화 584-4835(본사), 522-5148(편집부)
팩스 586-3078(본사), 586-3088(편집부)
홈페이지 www.agape25.com

ISBN 978-89-537-9652-2 (03230)
분당직영서점 전화 031-714-7273 | 팩스 031-714-7177
인터넷서점 http://www.agapemall.co.kr
*인터넷에서 '아가페몰'을 검색하세요.

아가페 출판사

밑글씨 매일 쓰기성경®

4권 세트

낱권 시리즈

1. 장, 절이 표기되어 있어 원하는 부분을 자유롭게 선택, 이동하며 쓸 수 있습니다.
2. 밑글씨가 있어 성경책 대조 없이 간편하게 따라 쓸 수 있습니다.
3. 잘 펴지는 제본으로 편리하게 쓸 수 있습니다.

세트 및 신약 구매 시
쓰기성경 전용펜 2종 증정

4권 세트	세트 정가 (구약+신약) : ~~116,000원~~ → 112,000원		
	낱권 정가	구약 ❶, ❷, ❸권	각 권 29,000원
		신약	

낱권 시리즈	구약	❶ 창세기 – 레위기	정가 12,000원
		❷ 민수기 – 룻기	정가 13,000원
		❸ 사무엘상 · 하	정가 10,000원
		❹ 열왕기상 · 하	정가 10,000원
		❺ 역대상 · 하	정가 10,000원
		❻ 에스라 – 욥기	정가 10,000원
		❼ 시편 · 잠언 · 전도서 · 아가	정가 12,000원
		❽ 이사야 – 예레미야애가	정가 12,000원
		❾ 에스겔 – 말라기	정가 12,000원
	신약	❶ 사복음서 : 마태복음 – 요한복음	정가 14,000원
		❷ 사도행전 – 고린도후서	정가 12,000원
		❸ 갈라디아서 – 요한계시록	정가 10,000원

※ 새번역 밑글씨 쓰기성경®은 아가페출판사 홈페이지 (www.agape25.com)를 참고하세요.